Lösungen zum Arb[...]

1,1 Tullia diktiert und diktiert und diktiert. Theophilus schreibt und schreibt und schreibt. Er macht oft (einen) Fehler. Deshalb kritisiert ihn Tullia sehr; sie schreit sehr. Was macht Theophilus? Theophilus weint. Das Lernen macht ihm keinen Spaß. Tullia schreit nicht mehr, sondern schweigt und denkt: »Weinen nützt nicht(s). Arbeit nützt. Theophilus ist ein Dummkopf.«

1,2 s. Lektionstext.

1,3 a) Quintus b) Quintus oder Theophilus c) Theophilus d) Tullia e) Theophilus f) Tullia g) Quintus h) Theophilus.

1,4 a) labor (ist keine Person); b) sed (ist kein Fragewort); c) et (ist kein Adverb); d) vituperat (alle anderen Verben sind Tätigkeiten der Schülerinnen und Schüler).

1,5 z.B. ridere amat; bibere amat; imperare amat ...

1,6 a) falsch b) wahr c) falsch d) falsch e) wahr f) falsch g) wahr h) wahr.

1,7 1 be**n**e – 2 **scr**ibere – 3 ni**h**il – 4 co**g**itare – 5 c**l**amor – 6 am**at** – 7 le**g**ere – 8 **sed** – 9 **cur** – 10 ta**ce**re: nihil agere.

2,1 Marcus Tullius Cicero besucht seinen Bruder Quintus – Quintus Tullius Cicero verwaltet nicht mehr die Provinz, jetzt ist er zu Hause. Heute erwartet er seinen Bruder Marcus. Auch Quintus, der Sohn des Quintus, erwartet Marcus, denn er liebt seinen Onkel sehr. Marcus bringt immer etwas Gutes mit. Bald darauf kommt Marcus, er begrüßt seinen Bruder Quintus. Er begrüßt auch den Jungen. »Was lehrt der Lehrer? Lehrt er gut/Macht er guten Unterricht?« Doch Quintus hört nicht zu. Was hat Marcus heute mitgebracht? Marcus hat eine Tafel mitgebracht. Der Junge freut sich nicht besonders. Denn zu Hause mag er nicht schreiben und lesen. Zu Hause macht es Spaß zu spielen – und zu essen.

2,2 a) C b) E c) N d) A = CENA.

2,3

Nom.	clamor das Geschrei	discipulus der Schüler	puer der Junge	vinum der Wein	senator der Senator	puella das Mädchen
Gen.	des Geschreis	des Schülers	des Jungen	des Weines	des Senators	des Mädchens
Dat.	dem Geschrei	dem Schüler	dem Jungen	dem Wein	dem Senator	dem Mädchen
Akk.	clamorem das Geschrei	discipulum den Schüler	puerum den Jungen	vinum den Wein	senatorem den Senator	puellam das Mädchen

2,4 a) Siehe Lehrbuch Seite 17, Text Quintus Marcum visitat Zeile 1-11.

2,4 b) Siehe denselben Text, Zeile 12-22.

2,5 cena; Fleisch; Getreide und Gemüse; Mehl, Wasser, Salz; Hand; lag; Speisesofa (lectus); Speisezimmer mit drei Liegen; am Tisch liegen; saßen auch die Sklaven mit am Tisch.

2,6 alle Infinitive, die auch in Übung 1, 4 eingesetzt werden konnten (dort als Objekt, hier als Subjekt).

2,7 tum, maxime, mox, ita, apportare, visitare, quid, curia, nam, ad, puella, post, puer, valde, salutare, docere, aqua, ire, cena, vinum et, sed.

3,1 Substantive: puer, finis, nox, umbra, via.
Verben: facere, accidere, terrere.
Adjektive: longus, timidus, obscurus, dubius, magnus, latus.
Fragewörter: cur, quid, quis.
Adverbien: mox, semper, subito, saepe, hodie.
Konjunktionen: sed, et.
Präpositionen: post, in, per, ad.

3,2 epistulam longam; vicus dubius; umbram magnam; discipulum primum; clamorem magnum; umbram dubiam; senatorem amicum; amicum fidum; finem suum; lunam plenam; provincia magna; puer fidus.

3,3

Nom.	puer timidus	finis suus	forum latum	nox obscura	umbra longa	senator amicus
	der ängstliche Junge	sein Ende	der weite Marktplatz	die dunkle Nacht	der lange Schatten	der befreundete Senator
Gen.	des ängstlichen Jungen	seines Endes	des weiten Marktplatzes	der dunklen Nacht	des langen Schattens	des befreundeten Senators
Dat.	dem ängstlichen Jungen	seinem Ende	dem weiten Marktplatz	der dunklen Nacht	dem langen Schatten	dem befreundeten Senator
Akk.	puerum timidum	finem suum	forum latum	noctem obscuram	umbram longam	senatorem amicum
	den ängstlichen Jungen	sein Ende	den weiten Marktplatz	die dunkle Nacht	den langen Schatten	den befreundeten Senator

3,4

Subjekt	Attribut	adv. Best.	AkkObj.	Prädikat
Syrus umbra via	magna obscurum angusta	per vicum per forum tum subito valde	servum	currit timet terret magna est obscurum est angusta est via est umbra est

Es bleiben *etiam* und *et* übrig.
Die Sätze sind: 1. Syrus per forum et per vicum obscurum currit. – Syrus läuft durch das Forum und durch das dunkle Stadtviertel. 2. Subito via angusta est. – Plötzlich ist die Straße eng. 3. Etiam magna umbra servum terret. – Auch erschreckt den Sklaven ein großer Schatten. 4. Tum Syrus valde timet. – Da fürchtet sich Syrus sehr.

3,5 z.B. cena, triclinium, aqua, vinum, bene, lectus, familiae, puls, panis.

3,6 Marcus senator epistulam long**am** ad amicam scribit. Serv**um** fidum vocat; epistulam **ad** Pomponium ami-**cum** apportare debet. Syrus servus timid**us** est; nam noctem obscuram **timet**. Suburam, vicum obscurum, tim**et**. Luna plen**a** est, vi**a** angust**a**. Umbr**am** videt. Umbra appropinquat et servum fidum terret. Itaque Syrus curr**it**, sed etiam umbra currit. Denique Syr**us** umbram non timet, incip**it** ridere.

4,1 Was ist die Subura? — Die Subura ist ein römisches Stadtviertel. Die Wege sind immer voll. Einige Senatoren gehen umher. Jungen und Mädchen laufen durch die Straßen, Mütter rufen mit lauter Stimme. Du kannst auch viele Sklaven und viele Sklavinnen sehen. Die einen arbeiten: sie verkaufen Wein, bringen Wasser herbei. Andere tun nichts: sie schauen, rufen und lachen. Aber die Nächte machen allen Angst: dann sind die engen Straßen dunkel und gefährlich. Daher fürchten sich alle vor Räubern und Mördern. Wo sind die Ädilen?

4,2 Folgende Wörter können z. B. verwendet werden: villa, servus, hortus, uva, oliva, laborare, via, arbores.

4,3 Servi viam muniunt. Gnaeus Cornelius et Felicio hortum, vineam, silvam agrosque spectant.
Servi et ancillae laborant.
Davus servus non laborat, sed dormit.
Servus aeger est.

4,4 umbras vident; ager latus; servi pigri non sunt; servus viam munit; domini contenti non sunt; arbor parva; ancillae non valent; circumit; feriunt servos; sedulus est; clamores magnos; silvam spectat; arbores magnas caedunt.

4,5 Tiro – Asia – Sizilien – Hannibal – Papyrus – latifundia. (Siehe Informationstexte Seite 28 f. und S. 34)

5,1 Ein kleiner Fuchs spaziert durch die Felder. Plötzlich sieht er in einem Weinberg eine Traube. Er freut sich, er ist nämlich krank vor Hunger. Der kleine Fuchs springt, doch er berührt/erreicht die Traube nicht. Deshalb springt er wieder mit großer Anstrengung. Die Traube aber kann er nicht berühren/erreichen. Schließlich ruft er mit lauter Stimme: »Die Traube ist nicht reif. Aus unreifen Trauben mache ich mir nichts.«

5,2 Zuordnungen: in forum (ire): b; magna cura: k; prima hora: c; ad Pomponium (apportare): e; pecunia (adiuvare): l; mox: d; aqua frigida: m; e villa (venire): j; magna voce (legere): n; in villa (esse): a; post cenam: f; ad senatorem (venire): i; cum amico (venire): h; hodie: g.

5,3 a) senator doctus – senatorem doctum – cum senatore docto – senatores docti – senatores doctos – cum senatoribus doctis.

b) cum uxore laeta – uxorem laetam – uxor laeta – cum uxoribus laetis – uxores laetas – uxores laetae.

c) magna pecunia – magnae pecuniae – magnam pecuniam – magnas pecunias – magna pecunia – magnis pecuniis.

d) amicus fidus – amica fida – amicum fidum – amicam fidam – cum amico fido – cum amica fida – amici fidi – amicae fidae – amicos fidos – amicas fidas – cum amicis fidis – cum amicis fidis.

e) noctibus obscuris – noctes obscuras – noctes obscurae – nocte obscura – noctem obscuram – nox obscura.

5,4 b – e – l – p – s : plebs.

5,5 siehe Text Seite 36 im Lehrbuch.

6,1 Ein Rabe hat von einem Fenster einen Käse gestohlen. Auf einem Baum beginnt er, den Käse zu essen. Da sieht ein Fuchs den Raben und den Käse. Deshalb kommt er näher: »Sei gegrüßt, Rabe, was tust du?« Doch der Rabe schweigt, er isst seinen Käse. Der Fuchs ruft: »Hörst du denn nicht? Sei gegrüßt, Rabe! O, wie glänzend sind deine Federn! O, wie gelehrt sind immer deine Worte! Doch, ach, deine Stimme ist erbärmlich, singen kannst du nicht. Raben können nicht singen.« Der Rabe ist wütend und beginnt zu singen. Der Käse fällt vom Baum – der Fuchs schnappt (sich) ihn und lacht und lacht und lacht ...

6,2

Form	1	2	3	Singular	Plural	Imperativ	Infinitiv
posse							X
rumpunt			X		X		
curamus	X				X		
appropinqua				X		X	
es		X		X		X	
invitatis		X			X		
facio	X			X			
laudate					X	X	
vendis		X		X			
exercere							X
munimus	X				X		

Form	Person			Numerus		Imperativ	Infinitiv
	1	2	3	Singular	Plural		
terremus	x				x		
currit			x	x			
incipe				x		x	
dormiunt			x		x		
colligite					x	x	
potestis		x			x		
sum	x			x			
administras		x		x			
vehitis		x			x		

6,3 ego me/te/nos/vos laudo: ich lobe mich, dich, uns, euch.

tu me/te/nos/vos laudas: du lobst mich, dich, uns, euch.
nos te/nos/vos laudamus: wir loben dich, uns, euch.
vos me/nos/vos laudatis: ihr lobt mich, uns, euch.
14 sinnvolle Möglichkeiten.

6,4 Pyramide von oben nach unten:
es! – est – aud**i** – mit**to** – invito – cogitas – possumus – **p**rodestis – vitu**p**erate – exspectatis – **in**terrogamus – administratis — appropinqu**a**mus: *popina* (= Kneipe).

6,5 Es gibt viele Lösungsmöglichkeiten.

6,6

1. Pers. Sg.	propero	caveo	dimitto	venio
2. Pers. Sg.	properas	caves	dimittis	venis
3. Pers. Sg.	properat	cavet	dimittit	venit
1. Pers. Pl.	properamus	cavemus	dimittimus	venimus
2. Pers. Pl.	properatis	cavetis	dimittitis	venitis
3. Pers. Pl.	properant	cavent	dimittunt	veniunt
Imperativ Sg.	propera	cave	dimitte	veni
Imperativ Pl.	properate	cavete	dimittite	venite
Infinitiv	properare	cavere	dimittere	venire

6,7 Gnaeus (vocat): »Dav**e**, Dav**e**, cur non laboras? **Num** piger es? **Num** dormis? – Serv**i**, cur Davus non laborat?«
Servi: »Domin**e**, Davus aeger est.«
Gnaeus: »Vilic**e**, est**ne** Davus in villa? **Num** dormit? Davum voca!«
Vilicus: »Davus dormit; nam aeger est, domine«.
Gnaeus: »Et cur arbores tam parvae sunt? **Nonne** laboratis, pigr**i** serv**i**?«
Vilicus: »Laboramus, sed mala tempestas ...«

7,1 Auf dem Marsfeld treffen Publius und Quintus ihre Freunde.

P.: »Warum rennt, springt und kämpft ihr immer, ihr Freunde? Was nützt ein Spiel, wenn der Schweiß bis zu den Knöcheln rinnt? Seht dort die beiden jungen Männer (dort)! Sie stehen im Schatten eines Baumes und spielen das Fingerspiel.«

Q.: »Was ist das – mit den Fingern spielen?«

P.: »Du kannst es lernen. Schau nur zu!

Zwei junge Männer stehen einander gegenüber. Sie ballen die rechte Hand zur Faust. Der eine ruft ›eins – zwei – drei‹. Dann zeigt jeder einige Finger aus seiner Faust. Und zugleich ruft jeder die Summe der Finger – der seinen und der anderen –, die er für die richtige hält. Wer die richtige Summe der Finger nennt, ist Sieger; er bekommt ein Geldstück. Ich liebe dieses Spiel; es macht mir viel Spaß. Denn es bringt Gewinn.«

7,2 matrem laetam – matres laetas – matrum laetarum – matris laetae – cum matre laeta – cum matribus laetis – matres laetae – mater laeta.

labore molesto – laboribus molestis – laborum molestorum – laboris molesti – laborem molestum – labores molestos – labores molesti – labor molestus

exempla parva – exempla parva – exemplis parvis – exemplo parvo – exempli parvi – exemplorum parvorum – exempla parva – exemplum parvum.

7,3 narrare – audire, tacere – clamare, salve! – vale!, mater – filius, nonnulli – cuncti, clamor – silentium, piger – sedulus, dominus – servus, laudare – vituperare, latus – angustus, vinum – aqua, magister – discipulus, ire – currere, parvus – magnus, miser – laetus, discere – docere.

7,4

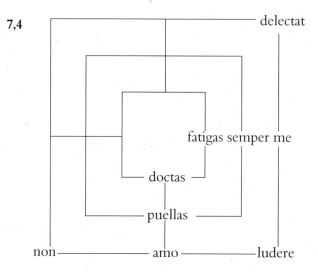

7,5 opprimere, silentium, fenestra, faber, ecce, saevus, currere, laetus, fatigatus, somnus, materia.

7,6

Nom. Sg.	campus latus	ludus iucundus	clades futura	virgo saeva
Gen. Sg.	campi lati	ludi iucundi	cladis futurae	virginis saevae
Dat. Sg.	~~~~~~~	~~~~~~~	~~~~~~~	~~~~~~~
Akk. Sg.	campum latum	ludum	cladem futuram iucundum	virginem saevam
Abl. Sg.	campo lato	ludo iucundo	clade futura	virgine saeva
Nom. Pl.	campi lati	ludi iucundi	clades futurae	virgines saevae
Gen. Pl.	camporum latorum	ludorum iucundorum	cladium futurarum	virginum saevarum

Dat. Pl.	~~~~~~	~~~~~~	~~~~~~	~~~~~~
Akk. Pl.	campos latos	ludos iucundos	clades futuras	virgines saevas
Abl. Pl.	campis latis	ludis iucundis	cladibus futuris	virginibus saevis

8,1 Cn. Cornelius besucht heute sein Landgut. Der Verwalter begrüßt seinen Herrn. Der Herr geht mit dem Verwalter herum und sieht die Sklaven und Sklavinnen arbeiten. Er freut sich, dass die einen den Garten umgraben, die anderen Trauben ernten und dass alle fleißig sind. Dann sieht Cornelius, dass der Sklave Davus nicht arbeitet, sondern schläft. Der Verwalter (sagt): »Der Sklave Davus ist krank.« – Der Herr (antwortet): »Dann nützt er nichts.« Daher gibt der Herr dem Verwalter den Auftrag, den Sklaven zu verkaufen.

8,2 Video Quintum et Titum thermas intrare, in apodyterio vestes ponere, primo palaestram intrare.
Video/audio hic turbam virorum magno cum clamore pila ludere.
Audio viros de ludo iurgare.
Video illic adulescentes bracchia plumbo onerata multo cum gemitu iactare.
Audio illic pilicrepum pilas numerare.
Video ubique venditores circumire et audio stridula cum voce crustula, botulos, vina sua laudare.
Video Quintum e palaestra et e clamore mox in caldarium fugere.
Video ibi paucos viros adesse.
Audio ubique silentium esse.
Video Titum venire.
Video Titum Quintumque in aquam calidam salire, amicos salutare, diu natare, usque ad vesperum modo in laconico sudare, modo in piscina natare, modo in palaestra cum amicis pila ludere.
Video subito M. Tullium thermas intrare. Video Quintum in apodyterium fugere, vestes arripere, domum currere.

8,3 1. Pers. Sg. ludo, intro, scio. 2. Pers. Sg: ludis, intras, scis. 3. Pers. Sg.: ludit, intrat, scit.
1. Pers. Pl.: ludimus, intramus, scimus. 2. Pers. Pl.: luditis, intratis, scitis. 3. Pers. Pl.: ludunt, intrant, sciunt.

Personalpronomen der	im Nominativ	im Akkusativ	im Ablativ
1. Pers. Sg.	ego	me	me(cum)
2. Pers. Sg.	tu	te	te(cum)
1. Pers. Pl.	nos	nos	nobis(cum)
2. Pers. Pl.	vos	vos	vobis(cum)

Zehn Verben, die eine Bewegung bezeichnen: z.B.: ire, venire, apportare, appropinquare, currere, circumire, ambulare, dimittere, properare, salire.

Fünf Verben, die eine Gefühlsbewegung ausdrücken: z.B.: amare, ridere, gaudere, delectare, timere.

Fünf Verben, die zum Wortfeld »laut oder leise sprechen, sagen« gehören: z.B.: dictare, clamare, interrogare, vocare, narrare.

Zuordnungen: diu → Zeit; ubique → Ort (wo?); primo → Zeit; illic → Ort (wo?); usque ad vesperum → Zeit; optime → Art und Weise; de fenestra (clamare) → Trennung (Ort: woher?) magno cum clamore → Art und Weise; in aquam (salire) → Ort (wohin?); in piscina (natare) → Ort (wo?); cum amicis pila (ludere) → Begleitung; Mittel, Werkzeug.

9,1 Die Römer befestigen ihre Provinzen mit Kastellen und Grenzwällen gegen die Germanen und andere Völker. Wenn die Soldaten von den Wachtürmen aus sehen, dass Feinde sich der Grenze nähern, führt der römische Hauptmann seine Truppen aus dem Kastell an den Grenzwall. Außerhalb des Grenzwalles liegt eine kleine Ebene. Dort stellt der Hauptmann die Schlachtreihe auf. Der Hauptmann sagt seinen Soldaten: »Ich weiß, dass die Germanen zahlreich sind. Aber ihr wisst, dass die Götter uns Römern immer beistehen, Soldaten. Daher brauchen Germanen uns keine Furcht einzuflößen.«

In einer großen Schlacht besiegen die Römer die Germanen und nehmen viele gefangen. Der Hauptmann gibt die Gefangenen und andere Dinge den Soldaten als Beute.

9,2 z.B. Video limitem Germanicum. Milites limitem custodiunt. Mercator cum carro militi appropinquat. Miles: »Intrare vobis non licet, mercatores!« Mercator: »Quid times? Infestus non sum, sum mercator et res bonas vendo.«

9,3 Am Rhein standen 6 Legionen.
Die Türme am Limes standen ½ km auseinander.
Der Limes war etwa 500 km lang.
Der Dienst in der römischen Armee dauerte 25 Jahre.
CCAA ist die Abkürzung für Colonia Claudia Ara Agrippinensium, für viele Kölner ein Kürzel für ihre Stadt.
Die Römer besetzten das Gebiet zwischen Rhein und Donau um die Mitte des 1. Jhd. n. Chr.
Die Hauptstadt der Provinz Raetia war Augusta Vindelicum (Augsburg).
Der Limes Raeticus bestand aus einer Mauer mit Türmen.
re ist ein Ausdruck beim Skat und eine Ablativform.

9,4 amici sumus, non infesti, res bonas vendimus

9,5 magister sedulus – magistrum sedulum – uxorem doctam – rem obscuram – rei obscurae – rerum obscurarum – fororum pulchrorum – uxorum doctarum – cum uxoribus doctis – rebus obscuris – re obscura – cum magistro sedulo – magistro sedulo – rei obscurae – uxori doctae – uxor docta – magister sedulus.

10,1 Gern gehen die Einwohner der Stadt Rom auf die Rennbahn. Heute betreten auch Quintus und Publius die Rennbahn. Dort sind schon viele Zuschauer. Sie schreien und erwarten die Spiele.
Dann laufen die Pferde aus ihren Schranken und ziehen die Wagen durch die Arena. Nicht ohne Angst beobachten Publius und Quintus die Pferde und die Wagenlenker; denn sie sehen, dass viele Pferdelenker aus dem Wagen fallen. Den fröhlichen Sieger grüßen die Zuschauer aber mit großem Lärm.

10,2 *Zuordnungen et* → und; *ad* → zu; *it* → er geht; *es* → du bist; *in* → in; *is* → du gehst; *-ne* → ?; *se* → sich; *ab* → von; *tu* → du; *re* → durch die Sache; *si* → wenn; *an* → oder etwa?; *da* → gib!; *ex* → aus; *de* → von.

10,3 Viele Lösungen sind möglich.

10,4 corpus, servum, munus, leones, stationes, exemplum, umbras, orationes, obscuram: *Colosseum*

10,5 mos – redeo – salus – pernicies – fugio – statio – res – do – urbs – salio – miles – clades – verbum – insula – indigeo – exerceo – vendo – habeo – munus – ineo – abeo.

10,6 1 sanguis. 2. leones 3. homo 4. infestus 5. aures 6. vestes 7. salus 8. crudelitas

11,1 Romulus befestigte den Palatin mit einer Mauer. (Die Überreste der neuen Stadt können wir noch heute auf dem Palatin betrachten.) Dann befahl der König den Römern, Tempel zu bauen. Denn er wünschte, dass die neue Stadt nicht nur den Menschen, sondern auch den Göttern am Herzen liege. Romulus rief auch einige tüchtige Männer, die er Senatoren nannte, in einen Senat. Noch vieles andere richtete er in der Stadt gut ein. Deswegen nannten die Römer nach dem Tod des Königs Romulus »Vater des Vaterlandes«. Später jedoch haben viele Menschen Romulus getadelt, dass er seinen Bruder Remus erschlagen hat. Sie sagten nämlich, dass die Götter den Tod des Remus mit Bürgerkriegen bestraft hätten.

11,2 portaverunt, prohibuit, complevimus, apparuit, duxisti, fui, equitavisse, iurgavisti, misistis, stupui, scivisti, invasit, fuimus, compleverunt, fuisse, dixi, audiverunt, debuisse, putavi, custodivit, iussi, debuimus, misisse, fuistis.

11,3 equitat, vigilas, placere, ducis, fatigant, scimus, comples, estis, sum, dicunt, docere, mittit, custoditis, doleo, iactat, cupiunt, invadunt, dicere, iubeo, sumus.

11,4 (zu ergänzen sind der Reihe nach): ambulavisse – timuisse – apparuisse – audivisse; portavisse; curavisse – educavisse.

11,5 interdum, latus, novus, frigidus, clamor, stultus, dormire, complere, mater, servus, infestus, laudare, vacare, dies, salus, postea/post, sedulus, parvus.

11,6 (Quintus' Tafel): saepe, primo, tamen, vere, interdum, postea, maxime, iterum, etiam, plerumque, olim. — (Tiberius' Tafel): bene, cras, ita, domum, hic, ubique, illic, mox, hodie, diu, subito, valde, postridie.

12,1 Achilles – Achilles war der Sohn der Göttin Thetis und des Menschen Peleus. Weil die Mutter den Sohn gegen alle Verwundungen schützen wollte, tauchte sie Achilles als Kind in das Wasser des Styx. Daher nahm Achilles später mit großem Ruhm an vielen Kämpfen teil, kämpfte im Trojanischen Krieg oft gegen die Trojaner und tötete den Trojaner Hector, ihren tapfersten Mann. Aber nach Hectors Tod beschlossen die Götter auch für Achilles das Lebensende. Paris schoss einen Pfeil in die Ferse des Achilles. An dieser Wunde starb Achilles, denn seine Mutter Thetis hatte den Jungen mit der Hand an der Ferse festgehalten, während sie den Sohn in das Wasser des Styx eintauchte. Somit war Achilles an dieser Stelle gegen Verwundungen nicht geschützt.

12,2 Ergänze: vocibus, patribus, silva, sermoni/sermone, stationis, leones, agros, latronibus, latronibus, regnum, regnum.

12,3 *Nominativ Pl.:* dei, vici, tui, vestri, nuntii, populi. *Genitiv Sg.:* dei, perniciei, castelli, diei, periculi, vici, tui, viri, nuntii, belli, populi. *Dativ Sg.:* perniciei, diei, cladi, virgini, urbi, vulneri, saluti. *Perfekt:* nuntiavi, abii, fugi, veni, duxi, cepi, dedi, timui, scivi, iussi, complevi. *Imperativ:* custodi, abi, veni, adi, sali. *Adverb:* domi, ibi.

12,4 (Ergänze der Reihe nach): 1. sedebat, spectabat, apparuit. 2. appropinquabat, fugiebat, adiit, misit, vulneravit. adiit, redibat, necavit.

12,5 1. Der wilde Löwe brachte dem Gladiator Verderben. (Dat. incom.; Dat. finalis) 2. Der Ruhm des Romulus war für die Römer immer ein Vorbild. (Dat. com., Dat. finalis) 3. Cn. Cornelius hatte viele Sklaven und Sklavinnen. (Dat. poss.) 4. Quintus' Wohlbefinden lag seinem Onkel Cicero am Herzen. (Dat. com.; Dat. finalis) 5. Deine Hilfe war meine Rettung. (Dat. com.; Dat. finalis) 6. Julia sagte zum Vater: »Kauf mir ein schönes Kleid, Vater!« Der Vater sagte zu Julia: »Tut mir sehr leid, Julia, heute habe ich kein Geld.« (Dat.Obj.; Dat.Obj.; Dat.Obj., Dat.poss.)

12,6 *Cui bono?* heißt: »Wem kommt es (hier: der Tod) zugute?« (Wer hat einen Vorteil davon und hätte vielleicht ein Motiv gehabt zu morden?)

13,1 Das hölzerne Pferd – Die Griechen kämpften viele Jahre vergeblich gegen die Trojaner und konnten ihre Stadt nicht einnehmen; schon verzweifelten sie am Sieg. Da stellte Odysseus den Trojanern eine Falle: Er ließ die Griechen ein großes Pferd aus Holz bauen; da hinein setzte er die tapfersten Soldaten. Sino, einem schlauen Mann, befahl er, bei dem Pferd am Strand zu bleiben und die Trojaner zu erwarten; die anderen Griechen forderte er auf, den Strand zu verlassen und sich zu verstecken.

13,2 1. statt quod → quamquam 2. statt quamquam → cum 3. statt quod → cum 4. statt cum → quamquam. Übersetzung: 1. Obwohl Tullia oft Fehler machte, tadelte Theophilus sie nicht. 2. Jedesmal, wenn Quintus Cicero besuchte, bekam er ein gutes Essen. 3. Schon freute sich die Schar seiner Freunde und schrie, dass Remus König sei, als Romulus herbeilief und rief: »Mit sind zwölf Vögel erschienen!« 4. Obwohl Faustulus die Jungen aufzog, war er nicht ihr Vater.

13,3 censemus, *censebamus*, censuimus – *exponunt*, exponebant, exposuerunt – decipit, decipiebat, *decepit* – creditis, credebatis, credidistis – promitto, *promittebam*, promisi – *respondent*, respondebant, responderunt – *effugio*, effugiebam, effugi – est, *erat*, fuit – dicunt, dicebant, *dixerunt* – iubes, iubebas, iussisti.

13,4 1. regnum orbis terrarum 2. deae 3. Helenam 4. Menelai 5. Paris Helenae 6. Aethrae 7. ludorum.

13,5 1. Marcus sagte nach der Rede des Senators: »Einiges hat mir gefallen, anderes hat mit nicht gefallen.« 2. Die Götter haben es den Menschen nicht gewährt, Zukünftiges (die Zukunft) vorauszuwissen. 3. »Alles, was mein ist, trage ich bei mir.« Damit meinte er etwa: Mein Wissen, das ich im Kopf habe, ist mein wichtigster Besitz. Materielle Güter, die ich verloren habe, sind dagegen unwichtig.

13,6 1. multa stulta 2. vera sunt 3. multa 4. nonnulla; cetera.

13,7 *Imperativ:* vale, caede, eme, responde, time, bibe. *Infinitiv Präsens:* complere, manere, posse, respondere. *Infinitiv Perf.:* posuisse, fuisse, censuisse. *Ablativ:* scelere, caede, re, die, orbe, patre, fide. *Vokativ:* domine, optime, Marce. *Adverb:* ubique, optime, saepe, hodie, postridie, denique, bene, fortasse, fere. *Präposition:* de, e, prope, sine.

14,1 Laocoon und Cassandra warnen – Die Griechen hatten den Strand verlassen, Sino saß allein beim hölzernen Pferd, als die Trojaner aus der Stadt kamen, das Pferd erblickten, staunten, sahen, dass die Feinde nicht mehr da waren, und Sino deswegen befragten. Wie ihm Odysseus aufgetragen hatte, erzählte Sino, dass die Griechen nach Hause gefahren seien und das Minerva und Neptun geweihte Pferd am Strand stehen gelassen hätten. Er forderte die Trojaner auf, es in ihre Stadt zu ziehen. Aber Laocoon, der Priester Neptuns, und Cassandra, eine Tochter des Königs Priamus, warnten mit lauter Stimme davor, das zu tun. Immer wieder riefen sie, dass das Pferd der Stadt der Trojaner Verderben bringen werde, als plötzlich eine Riesenschlange am Strand erschien und allen Schrecken einflößte. Sie packte Laocoon und tötete ihn. Dieses böse Zeichen erschreckte die Trojaner. Da zögerten sie nicht mehr, das Pferd in ihre Stadt zu ziehen.

Die Aufeinanderfolge von kurzen Sätzen ohne Konnektoren in Zeile 3-4 weist darauf hin, dass die Trojaner von dem, was sie unerwartet sahen, verblüfft waren und ihre Eindrücke erst der Reihe nach verarbeiten mussten. Die unverbundene Aufeinanderfolge von Sätzen in Zeile 11-12 weist auf die Schnelligkeit hin, mit der die Geschehnisse ablaufen.

14,2   1. *Faustulus* ist keine Gestalt aus dem trojanischen Krieg. 2. *pastor* ist kein Begriff aus der Religion. 3. *geminos* ist der einzige Akkusativ Plural. 4. *servavit* ist das einzige Perf. *Faustulos pastor geminos servavit.*

14,3   exponit, exponebat, exposuit, exposuerat – descendis, descendebas, *descendisti*, descenderas – metuo, *metuebam*, metui, metueram – *videmus*, videbamus, vidimus, videramus – rapiunt, rapiebant, rapuerunt, *rapuerant* – succedit, succedebat, *successit*, successerat – abeo, abibam, abii, abieram – adiuvamus, *adiuvabamus*, adiuvimus, adiuveramus – *accipiunt*, accipiebant, acceperunt, acceperant – vincit, vincebat, *vicit*, viceat – iaciunt, *iaciebant*, iecerunt, iecerant – *credo*, credebam, credidi, credideram.

14,4   1. Thetis 2. Apollo 3. Amor 4. Venus 5. Minerva 6. Neptunus 7. Mars. – *Homerus*

15,1   Aeneas flieht aus Troja – Nachdem die Trojaner das Pferd auf den Marktplatz der Stadt gezogen hatten, feierten sie ihren Sieg; sie sangen und waren fröhlich. Sobald die Nacht kam, schliefen sie alle sorglos. Auch Aeneas hatte mit seinen Freunden den Sieg gefeiert; er lag im Schlaf, als er mitten in der Nacht von Flammen und dem Lärm von Soldaten geweckt wurde. Er sah, dass die Feinde in die Stadt eingedrungen waren, dass Tempel und Häuser brannten. Sofort griff er zu den Waffen und wollte in den Kampf eilen. Aber unterwegs hielt ihn seine Mutter Venus auf und befahl ihm, aus der Stadt zu fliehen: »Vergebens eilst du in den Kampf und in die Gefahr, Aeneas, denn die Götter haben den Untergang Trojas beschlossen. Verlasse die Stadt! Iuppiter befiehlt dir, ein neues Vaterland zu suchen.« Aeneas gehorchte seiner Mutter und bestieg mit wenigen Gefährten sofort ein Schiff, sobald er mit Vater und Sohn Troja verlassen hatte.

15,2   1. quamquam (konzessiv) 2. ubi (temporal), ut (komparativ) 3. cum (temporal) 4. ubi (temporal) 5. quod (kausal), si (Bedingung) 6. quamquam (konzessiv) 7. quod (kausal), ubi (temporal).

1. Die Trojaner haben das Pferd nicht zerstört, obwohl Cassandra sie dazu aufgefordert hatte. 2. Sobald die Feinde die Stadt zerstört hatten, machten sich die Trojaner auf den Weg nach Italien, wie Juppiter befohlen hatte. 3. Aeneas sah schon die Küste Italiens, als ein Unwetter seine (Weiter-)Fahrt verhinderte. 4. Sobald sich das Unwetter erhob, ließ Aeneas die Schiffe zur Küste Afrikas lenken. 5. Weil Dido eine neue Stadt baute/bauen wollte, lud sie die Fremden ein, in Carthago zu bleiben: »Wenn euch die neue Stadt gefällt, könnt ihr mit uns in ihr bleiben.« 6. Obwohl Aeneas Dido liebte, gehorchte er dennoch Juppiter und verließ Afrika. 7. Weil Dido Aeneas liebte, war sie, als Aeneas Carthago verlassen hatte, traurig und zornig.

15,3   (hora, cras, postridie,) ante, dies, diu, hodie, iam, interdum, mox, nondum, non iam, nox, nunc, olim, post, primo, prius, saepe, subito, tum.

15,4   *Nominativ:* finis, is, quis, navis. *Genitiv:* virtutis, finis, cladis, roboris, navis, gentis, itineris. *Dativ/Ablativ:* divitiis, servis, vicis, timidis. *2. Person Sg.:* invenis, quaeris, scis, audis, aperis, is. *2. Person Pl.:* vixistis, itis, istis, retinetis. *Adverb:* satis.

15,5   (amicus, homo, latro,) amica, ancilla, dominus, faber, femina, frater, geminus, hospes, hostis, magister, mercator, mulier, pastor, puer, puella, regina, rex, sacerdos, senator, socius, uxor, vicinus, vir.

15,6   Richtig sind die Aussagen 1c, 2b, 3b, 4c, 5c, 6a.

16,1   Aeneas steigt in die Unterwelt hinab – Nachdem Aeneas Dido verlassen hatte, steuerte er mit seinen Schiffen die Küste Italiens an. Dort beschloss er, in die Unterwelt hinabzusteigen, weil die Prophetin Sibylle ihn aufgefordert hatte, die Seele seines Vaters Anchises aufzusuchen: »Der wird dir den Weg ins neue Vaterland verkünden.« Nachdem Aeneas mit Sibylle durch finstere Gegenden gewandert war, traf er endlich die Seele des Anchises an. Vergeblich versuchte er, sie zu umarmen; den Schatten des Vaters konnte er nicht fassen. Nachdem dieser dem Sohn viel von zukünftigen Kämpfen erzählt hatte, zeigte er ihm die Seele des Romulus, des zukünftigen Gründers der Stadt Rom; er zeigte ihm schließlich die Seele des Kaisers Augustus: »Dieser Mann, aus deinem Stamm geboren, wird einst im Erdkreis das Goldene Zeitalter mit Eintracht und Frieden begründen.« Dann fuhr Aeneas weiter nach Latium, wie ihm die Götter befohlen hatten.

Nach antiker Vorstellung ist die Seele eines Verstorbenen, die sich in der Unterwelt befindet, ein Schatten ohne stofflichen Körper; andererseits kann sie reden, denken und sich mit Besuchern aus der Oberwelt unterhalten. Sie kann Besuchern sogar Zukünftiges voraussagen.

16,2 1. Signum a Sinone Graecis datum est. 2. Venus Aeneam in itinere retinuit. 3. Graeci Troiam deleverunt. 4. Vina a mercatoribus magna voce laudabantur. 5. Vilicus a domino vituperatur. 6. Muri alti a Romanis aedificati erant.

16,3 1. Mit ihren Freunden saßen Romulus auf dem Palatin, Remus auf dem Aventin und beobachteten die Vögel, denn sie wollten die Sache durch ein Augurium entscheiden. 2. Später kämpften die Brüder mit Waffen; die Römer erschraken sehr über diesen Streit der Brüder. 3. Am Tag der Spiele kamen die Sabiner mit Frauen und Kindern nach Rom und sahen sich mit großer Freude die Spiele an, als plötzlich die sabinischen Mädchen von den römischen Männern geraubt wurden. 4. Die sabinischen Eltern flohen zornig aus der Stadt. 5. Weil er mit großem Ruhm regiert hatte, wurde Romulus nach seinem Tode Vater des Vaterlandes genannt.

Abl. loc.: in Palatio, in Aventino; *Abl. temp.*: die ludorum; *Abl. soc.*: cum amicis; cum uxoribus liberisque; *Abl. sep.*: ex urbe fugerunt; *Abl. instr.*: augurio disceptare, armis certare; *Abl. mod.*: magno cum gaudio, magna gloria; *Abl. causae*: ea controversia

16,4 1. habere 2. respondere 3. bellum 4. credere 5. dare 6. laudare 7. scire 8. invenire 9. addere 10. tacere 11. colligere 12. vigilare 13. calidus 14. retinere 15. effundere 16. desinere. *Homerus, Vergilius*

16,5 Venite Romam armati, facite pacem cum Romanis, nam amamus maritos Romanos.

17,1 Menenius ermahnt das Volk zur Eintracht – Einst war der römische Staat durch einen Streit der Menschen in großer Gefahr. Denn die Patrizier besaßen alle Äcker und Reichtümer, das einfache, von Schulden geplagte Volk hatte keine Hoffnung mehr. Daher beschloss das Volk, Rom zu verlassen. Die bewaffneten Männer schlugen mit Frauen und Kindern auf dem nächsten Hügel ein Feldlager auf. Die dadurch erschreckten Patrizier berieten sich: »Wir sind in großer Gefahr, denn wir wissen, dass die Stadt ohne plebejische Soldaten nicht verteidigt werden kann.« Deswegen wurden einige Senatoren ins Lager der Plebejer gesandt; einer von ihnen, Menenius Agrippa, erzählte auf Bitten der Patrizier hin den Plebejern etwa folgende Geschichte: »Einst hörten die Glieder des Körpers auf zu arbeiten und dem Magen Essen herbeizubringen. »Der Magen lebt immer gut durch unsere Arbeit, doch er selbst arbeitet nicht. Wenn wir aufhören, ihn zu bedienen, wird auch der Magen gezwungen zu arbeiten.« So taten sie. Aber bald wurde die Kraft des ganzen Körpers nach und nach geschwächt.« Dann sagte Menenius: »Seht ihr nicht, Bürger, dass auch wir Römer, gewissermaßen ein einziger Körper, ohne Eintracht aller Glieder nicht stark sein können?« Von dieser Rede beeindruckt kehrte das römische Volk in die Stadt zurück.

1. Mit *corpus* ist der ganze römische Staat gemeint; mit *venter* die Gruppe der Patrizier, mit *membra* die Plebejer. 2. Die Vorstellung eines »Körpers« ist auf eine Republik nicht anwendbar. In einem menschlichen Körper ist jedem Teil des Körpers von der Natur eine bestimmte Aufgabe zugeteilt, die er allein erfüllen kann. – Zu einer Republik schließen sich grundsätzlich gleichberechtigte Bürger zusammen; es gibt keine unabänderlich festgelegte Verteilung von Vorrechten und Aufgaben im Staat.

17,2 *it*: er (sie, es) geht – *itis*: ihr geht – *id*: es/das – *eas*: sie/diese – *iit*: er ist gegangen – *istis*: ihr seid gegangen – *ii*: 1. ich bin gegangen 2. diese – *i*: geh! – *iis*: diesen/ihnen – *ea*: diese/sie; durch sie – *eo*: 1. ich gehe 2. durch den/das.

17,3 1. Paris schenkte Venus den goldenen Apfel, *als er ihn von Merkur erhalten hatte.* 2. Der *von Helena geschriebene* Brief gefiel Paris. 3. Zuerst freute sich Helena, aber später, *als sie nach Troja entführt worden war,* bereute sie es. 4. Der *am Strand allein zurückgelassene Sino* erzählte viele Lügen. 5. Das Pferd erfüllte Cassandra mit Furcht, *als es auf den Marktplatz der Stadt gezogen worden war.* 6. Menelaus war es sehr unangenehm, *als er von Odysseus an der Antwort gehindert wurde.* 7. *Vom Elend gezwungen* verließ das Volk die Stadt. 8. *Nachdem Menenius zum Volk geschickt worden war*, bewegte er die Plebejer mit einer Fabel zur Eintracht.

17,4 *Nominativ m. f.*: ludus, virtus, murus, impius, nuntius, hortus. *Nom./Akk. n.*: corpus, vulnus, munus, tempus. *Dat./Abl. Pl.*: hominibus, vulneribus, diebus. *1. Person Pl.*: flevimus, invenimus, amamus, movimus. *Partizip Perf. Passiv*: victus, promissus, amatus, inceptus, apertus.

17,5 Richtige Antworten sind: 1b; 2b; 3a; 4b; 5b; 6b.

18,1 Hannibal, der Feldherr der Karthager, lebte nach dem Krieg, den er mit den Römern geführt hatte, in Asien, da er von seinen Mitbürgern ins Exil geschickt worden war. Dort traf er einmal, wie Livius erzählt, auf P.

Cornelius Africanus, der als Gesandter nach Asien gekommen war, und hatte mit ihm ein Gespräch, in dem etwa Folgendes gesagt wurde: Scipio: Sag, Hannibal, wer ist der größte Heerführer? – Hannibal: Alexander, der Makedonenkönig, weil er mit wenigen Soldaten die größten Armeen der Feinde besiegt hat. – Scipio: Da hast du Recht, Hannibal. Wer ist deiner Meinung nach hinter Alexander der Zweite? – Hannibal: Pyrrhus, ein griechischer König, weil er als Erster seine Truppen Feldlager bauen lehrte. – Scipio: Nun sag, Hannibal, wer ist der Dritte? – Hannibal: An die dritte Stelle setze ich mich selber, Scipio. Da lachte Scipio, wie Livius erzählt, und fragte: »Was würdest du sagen, wenn du mich besiegt hättest?« Da habe Hannibal geantwortet: »Dann würde ich mich noch vor Alexander und Pyrrhus stellen.«

Es fällt auf, dass sich die beiden ehemaligen Todfeinde mit Höflichkeit und Hochachtung behandeln. Wenn Hannibal sich für den Fall, dass er über Scipio gesiegt hätte, an die Spitze aller genannten Feldherren stellt, reiht er unausgesprochen damit auch seinen Gegner Scipio in die Gruppe der überragenden Heerführer ein.

18,2 *Subjekte*: Scipio, nemo, dei, viri strenui. *Akkusativobjekte*: rem Romanam, Carthaginem, id imperium petere. *Dativobjekt*: populo Romano. *Adv. Best.*: e gente Cornelia, in Hispania, e periculo, (Carthaginem *auch als Richtungsakk. möglich*), itaque, saepe, post cladem. *Part. coniunctum*: acceptam. *Prädikate*: faverunt, vicit, audebat, servaverunt.

1. Viri strenui e gente Cornelia rem Romanam saepe post cladem acceptam servaverunt.
2. Dei populo Romano faverunt; itaque Scipio Carthaginem in Hispania vicit.
3. Nemo id imperium petere audebat.
1. Tüchtige Männer aus dem Stamm der Cornelier haben oft nach einer erlittenen Niederlage den römischen Staat gerettet.
2. Die Götter standen dem römischen Volk bei; deshalb besiegte Scipio Carthago in Spanien.
3. Niemand wagte, sich um dies Kommando zu bewerben.

18,3 Besucher, von visitare – Nachfolger, von succedere – Lobredner, von laudare – Verkäufer, von vendere – Befreier, von liberare – Retter/Befreier, von vindicare – Sünder, von peccare – Geschäftsmann, von negotium – Räuber (Beutemacher), von praeda – Krieger, von bellum.

18,4 Ad senatores. Cavete! Carthago in magno periculo est. Scipio ex Italia cum multis militibus in Africam navigat. Mittite mihi multas naves. Ego vobis auxilio venio.

An die Senatoren: Vorsicht! Carthago ist in großer Gefahr. Scipio segelt mit vielen Soldaten aus Italien nach Africa. Schickt mir viele Schiffe. Ich komme euch zu Hilfe.

19,1 An dem Tage, an dem neue Volkstribunen gewählt wurden, meldete man viele unheilvolle Vorzeichen. Unter anderem weigerten sich die heiligen Hühner zu fressen. In einem Helm, den Tiberius zu Hause aufbewahrte, hatten Schlangen ihre Eier gelegt. Tiberius ging, ohne durch diese Zeichen erschreckt zu sein, mit seinen Freunden aufs Marsfeld. Dort riefen die Tribunen das Volk schon zur Abstimmung auf, als plötzlich gemeldet wurde, dass Senatoren mit bewaffneten Sklaven in der Stadt gesehen worden seien und dass sie auf das Marsfeld eilen würden. Tiberius erschrak vor dieser Gefahr und berührte mit den Händen seinen Kopf, um seinen Freunden anzuzeigen, dass er in Lebensgefahr schwebe. Sobald die Senatoren das sahen, schrie ihr Anführer: »Da, seht! Tiberius fordert das Diadem! Er will die Königsherrschaft!« Da stürmten alle anwesenden Senatoren mit Waffen auf Tiberius und seine Freunde ein und erschlugen ihn.

1. Die Vorzeichen schufen eine unheilvolle Stimmung. Die Meldung von einem bewaffneten Aufmarsch der Senatsanhänger steigerte diese noch mehr. Die vom Anführer der Senatoren (wohl absichtlich) missverstandene Geste des Tiberius brachte die Gewalt zum Ausbruch. 2. Die missverstandene Geste des Tiberius. Der Versuch, in der römischen Republik die Alleinherrschaft als König zu erringen, galt als todeswürdiges Staatsverbrechen. 3. Wahrscheinlich nicht; aber Gerüchte und Falschmeldungen gehörten auch in Rom zu den Begleiterscheinungen unruhiger Zeiten.

19,2 Ergänze 1. suam 2. suis 3. sua; eorum 4. suas 5. sua 6. suum; eius.

1. Die Bürger verteidigen ihre Freiheit. 2. Weil das Volk von seinen Ländereien vertrieben worden war, kam es nach Rom. 3. Tiberius: »Die Bürger werden ihre Belohnungen erhalten; die Senatoren werden deren/ihre Belohnungen nicht an sich reißen.« 4. Reiche Menschen werden sich immer um ihre Angelegenheiten/ihren Besitz kümmern. 5. Tiberius fürchtete um sein Leben. 6. Cornelius besuchte sein Landgut. Auf seinem Landgut arbeiteten Sklaven.

19,3 Es wird berichtet: »Bewaffnete Senatoren werden auf das Forum kommen.« – Es wird berichtet, dass bewaffnete Senatoren auf das Forum kommen würden.

1. Iuppiter Aeneae promisit Romanis imperium totius orbis terrarum futurum esse. 2. Sibylle patrem Troianis viam securam in Italiam monstraturum esse dixit. 3. Lucius speravit: »Pater auxilio veniet.« 4. Populus

Romanus unum e principibus id imperium periculosum petiturum esse speravit. 5. Lucius Tiberio P. Cornelium Carthaginem victurum esse dixit.

Übersetzung: 1. Iuppiter versprach Aeneas, dass die Römer über den ganzen Erdkreis befehlen würden. 2. Sibylle sagte, dass der Vater den Trojanern einen sicheren Weg nach Italien zeigen werde. 3. Lucius hoffte: »Der Vater wird uns zu Hilfe kommen.« 4. Das römische Volk hoffte, dass einer der führenden Männer dies gefährliche Kommando anstreben werde. 5. Lucius sagte zu Tiberius, dass P. Cornelius Carthago besiegen werde.

19,4   *Nomen im Singular*: res, dies, pernicies, pedes, miles, acies, clades, caedes, limes, fides, eques, fames. *Nomen im Plural*: naves, res, dies, virtutes, pernicies, tempestates, partes, acies, clades, caedes, fides, labores, fines. *Präsens*: praebes, es, moves, faves. *Futur*: quaeres, vinces, ages, prodes, relinques, caedes, nescies, fugies, vives.

19,5   Wen hältst du für den größten Heerführer? Ich halte Alexander für den größten Heerführer.
1. Seine Freunde riefen Romulus zum König aus. 2. Die Römer hielten Cicero für einen guten Redner. 3. Scipio wurde von einigen Bürgern für allzu jung gehalten. 4. Die Senatoren sahen Tiberius als Staatsfeind an.

20,1   Du hast recht gehandelt, lieber Bruder, deine vorbildliche Haltung wird von allen guten Staatsbürgern gelobt. Obwohl du mit höchster Vollmacht als Propraetor in Asien gewesen bist, hat dich dennoch keine Marmorstatue, kein schönes Gemälde, keine Vase, kein kostbares Kleidungsstück, keine Gelegenheit, Geld einzustecken, vom anständigen Verhalten abbringen können. Wir herrschen nämlich über Griechen, und das heißt über Menschen, in denen menschliche Gesittung nicht nur vorhanden ist, sondern von denen sie auch zu anderen Völkern gelangt ist; wir müssen sie denen gegenüber wieder erweisen, von denen wir sie erhalten haben.

1. *humanitas* ist hier: Bildung, Kultur, wozu nach Ciceros Auffassung auch anständiges und rücksichtsvolles Verhalten gegenüber Schwachen und Unterworfenen gehört.
2. Ein allmächtiger römischer Beamter konnte sich in der Provinz nicht nur mit Geld bereichern, sondern sich auch Kunstwerke aneignen. Das war zwar verboten, wurde aber nur selten kontrolliert und bestraft.

20,2   *fers*, ferebas, feres, tulisti, tuleras – aufero, *auferebam*, auferam, abstuli, abstuleram – conferimus, conferebamus, conferemus, contulimus, *contuleramus* – tollunt, tollebant, *tollent*, sustulerunt, sustulerant – *(nuntius) affertur*, afferebatur, afferetur, allatus est, allatus erat – fertis, ferebatis, feretis, *tulistis*, tuleratis – tollitur, tollebatur, tolletur, *sublatus est*, sublatus erat – confero, conferebam, *conferam*, contuli, contuleram – auferuntur, auferebantur, auferentur, *ablata sunt*, ablata erant.

20,3   1. tollere 2. afferre 3. se conferre 4. auferre 5. deferre 6. ferre 7. (e medio) tollere 8. conferre 9. ferre 10. auferre

20,4   *Gefühle*: ridere, gaudere, terrere, contentus, laetus, miser, saevus, dolere, ira, enervatus, beatus, suscensere, metuere, desiderium, lacrima, desperare.

Staat und Recht: civis, populus, eligere, comitia, patria, honor, publicus, lex, accusare, iudex, iniuria, iniuria, senator, crimen, ius, civitas, res publica, tribunus, imperium.

Bezeichnungen für Menschen: pater, ancilla, puer, amicus, servus, puella, dominus, uxor, libertus, faber, mercator, adulescens, virgo, vir, mulier, rex, sacerdos, pastor, nuntius, femina, regina.

Militär: dux, princeps, bellum, eques, pedes, acies, socius, expugnare, hostis, pax, periculum, certare, castra, ferrum, limes, castellum, signum, praeda, statio, clades.

20,5   1. triumphus 2. praenomen 3. puls 4. conubium 5. gens 6. peculium 7. insula 8. triclinium 9. rhetor 10. laconicum 11. fasces 12. latifundia 13. retiarius. – *Halb geschafft!*

Arbeitsheft 1

zu den Lektionen 1 – 20

von Ursula Blank-Sangmeister, Hubert Müller,
Helmut Schlüter, Kurt Steinicke

Vandenhoeck & Ruprecht

Abbildungsnachweis

Umschlagabbildungen: Die Fotografien sind auf dem Saalburg-Jubiläum »Hundert Jahre Saalburg« im Oktober 1997 entstanden. Fotos: oben, rechts unten: Markus Eidt. Unten links: Jutta Schweigert.
Die Zeichnungen stammen, wenn nicht anders vermerkt, von Dietmar Griese, Laatzen.
S. 15: aus: Roman World (from the Kingfisher history library) by Mike Corbishley Copyrigt © Grise wood & Dempsey 1986.
S. 37: Rheinisches Landesmuseum Trier

Die 1. und 2. Auflage sind nebeneinander verwendbar.

ISBN 978-3-525-71016-6

2., durchgesehene Auflage

© 2012, 2005 Vandenhoeck & Ruprecht GmbH & Co. KG, Göttingen/
Vandenhoeck & Ruprecht LLC, Bristol, CT, U.S.A.
www.v-r.de

Satz: Schwarz auf Weiß GmbH, Hannover
Druck und Bindung: ⊕ Hubert & Co, Göttingen

1

1,1 *Übersetze in dein Heft.*

Tullia träumt

Tullia dictat et dictat et dictat.

Theophilus scribit et scribit et scribit.

Saepe peccat.

5 Itaque Tullia eum valde vituperat; valde clamat.   **eum:** ihn

Quid facit Theophilus?

Theophilus flet.   **flere:** weinen

Studium eum non delectat.

Tullia non iam clamat, sed tacet et cogitat:

10 »Flere non prodest. Labor prodest.

Theophilus stultus est.«   **stultus:** Dummkopf

1,2 *Stell dir vor, du findest folgenden Text, der an den Rändern angebrannt ist. Vervollständige ihn.*
Wenn du damit fertig bist, kannst du ihn mit dem Text im Buch vergleichen.

intus discipulus e

us Romanus e

us magister

philus est Grae

uintus le

ne legit; legere am

ister eum lau   **eum:** ihn

s dictat et dictat et d

a scribit et scribit et s

n amat scrib

que Tullia saepe p

ister eam vitu   **eam:** sie

lde clam

id facit Tull

llia rid

que Theophilus magis cl

llia non iam ridet, sed tacet et co

or non prod

philus stultus   **stultus:** Dummkopf

dium non semper del

or non semper del

hil agere d

Wie viele Fehler hast du gemacht? Weniger als drei? Dann gilt für dich: discipulus non saepe peccat, stultus non est, bene legit, cogitat, scribit.
Du kannst auch für deine Banknachbarin / deinen Banknachbarn den Lektionstext selbst in angebrannter Form schreiben, mach's aber nicht zu schwer!

1,3 *Welchen Personen aus dem Lektionstext traust du folgende Handlungen oder Einstellungen zu?*

a) scribere amat   ....

b) labor eum delectat   ....   **eum:** ihn

c) ridere non amat   ....

d) ridere valde amat   ....

e) semper vituperat   ....

f) nihil agere amat   ....

g) bene legit   ....

h) saepe clamat   ....

1,4 *Ein Wort passt jeweils nicht in die Reihe. Streiche das »schwarze Schaf« durch.*

a) discipulus, magister, puella, labor

b) sed, quid, cur, quis

c) valde, et, saepe, magis, iam, bene

d) peccat, ridet, scribit, vituperat

1,5 Tullia ridere amat – *und was für Vorlieben hat deine Freundin / dein Freund? Ein Tipp: Wenn dir die Infinitive der Lektion 1 als Antworten nicht ausreichen, kannst du auch aus dem alphabetischen Wörterverzeichnis (Buch S. 288ff.) einige heraussuchen.*

....

....

....

....

....

1,6 *Wahr oder falsch?*

		wahr	falsch
a)	Der Unterricht in der römischen Schule war sehr abwechslungsreich.	○	○
b)	In Rom gab es nur Privatschulen.	○	○
c)	Die Schülerinnen und Schüler schrieben auf Pergament.	○	○
d)	Die meisten Schülerinnen und Schüler gingen zum *grammaticus* bis zum 18. Lebensjahr.	○	○
e)	Das griechische Wort für Schule hat etwas mit Freizeit zu tun.	○	○
f)	Schon in der Antike erhielten die Mädchen die gleiche Ausbildung wie die Jungen.	○	○
g)	Zum Studium gingen die Söhne aus vornehmen Familien nach Athen.	○	○
h)	Schläge als Erziehungsmittel waren in der römischen Schule üblich.	○	○

Wenn du vier Sätze als wahr und vier als falsch angekreuzt hast, dann hast du wahrscheinlich richtig geantwortet.

1,7 *Jede Zeile des Kastens enthält freie Felder, in die ein lateinisches Wort aus dem Text oder aus dem Vokabelteil der Lektion 1 passt. Die nummerierten deutschen Sätze darunter geben Hinweise und Anregungen, welches lateinische Wort wohl gemeint ist.*
Die Buchstaben in der stark umrahmten Spalte ergeben, von oben nach unten gelesen, eine »Tätigkeit«, die manchem Freude macht.

1. Das Wort hört man gern als Schülerin oder Schüler.
2. Tullia hasst das.
3. In leeren Taschen befindet sich …
4. Das sollte man tun, bevor man handelt.
5. Der geht dem Magister manchmal auf die Nerven.
6. Der eine … dies, der andere das.
7. Das ist Quintus' Stärke.
8. Du lässt nichts gelten, du kommst immer mit einem … !
9. Das fragt man sich oft.
10. … ist manchmal besser als Reden.

2

2,1 *Übersetze in dein Heft.*

Marcus Tullius Cicero Quintum fratrem visitat

Quintus Tullius Cicero provinciam non iam administrat,
nunc domi est.   **nunc:** nun, jetzt
Hodie Marcum fratrem exspectat.
5 Etiam Quintus, filius Quinti, Marcum exspectat,   **etiam:** auch
nam patruum valde amat.   **Quinti:** des Quintus
                                                                  patruus: Onkel
Marcus semper aliquid boni apportat.   **aliquid boni:** etwas Gutes
Mox Marcus venit, Quintum fratrem salutat.
Etiam puerum salutat.
10 »Quid magister docet? Docetne bene?«
Sed Quintus non audit.
Quid Marcus hodie apportavit?   **apportavit:** er hat mitgebracht
Marcus tabulam apportavit.
Puer non valde gaudet.
15 Nam domi scribere et legere non amat.
Domi ludere delectat – et comedere.   **ludere:** spielen
                                                                  comedere: essen

2,2 *Bezeichne in den Abschnitten a) bis d) die jeweils verlangten Wörter, indem du ihren Anfangsbuchstaben mit einem Filzstift markierst. Wenn du dann die Buchstaben verbindest, kannst du in jedem Abschnitt einen Groß-buchstaben erkennen. Reihe sie aneinander zu einem lateinischen Wort.*

a) Markiere alle Akkusativformen:

stultus quis semper senatorem curia cena audire
post mox senator puerum labor saepe bene valde
puella est puellam sed tacet est magister clamor
mox servus servum non iam cur et itaque non
quis iam cur et tabulam monstrat tum
provincia discit hodie provinciam delectat semper

b) Markiere alle adverbialen Bestimmungen:

hodie in curiam ad senatorem filius quis

valde provinciam -ne audire manere

saepe amat laudat vituperat tabulam filium

domi post cenam ad magistrum puellam quem

mox sed non et scribit scribere delectare

in forum tabulam interrogat docet vinum

libenter in aquam ad laborem ridet agit

c) Markiere alle Substantive der o-Deklination:

servus semper agit agere itaque forum

puer ad magister tabula tacet filium

filius agere servum iam non studium

forum senatorem vinum aqua servus

studium audire amare et discipulus

d) Markiere alle Verbformen der 3. Person Singular:

studium aquam gaudet puer quem cur nihil

post et quis agit -ne venit ridere scribere

in curiam apportat tabula docet semper ire

studium interrogat it delectat manet tum discere

nihil audit sed cogitare non iam agit provinciam

et prodest magis mox post ad -que audit monstrare

visitat forum curiam servum ire quid scribit administrare

2,3 *Fülle die freien Kästchen lateinisch (L) und deutsch (D) aus.*

Nom.	L	L discipulus	L puer	L	L senator	L
	D	D	D	D	D	D
Gen.	D	D	D	D	D	D
Dat.	D	D	D	D	D	D
Akk.	L clamorem	L	L	L vinum	L	L puellam
	D	D	D	D	D	D

7

2,4 *a) Der Setzer hat bei den ersten beiden Lektionstexten ein Chaos angerichtet: Er hat sie durcheinander gebracht. Streiche alles aus dem Text, was nicht zur Lektion 2 passt.*

Marcus Tullius Cicero domi clamor et senator est.

Itaque bene legit, saepe in studium, curiam forumque it.

Sed hodie valde domi manet.

Nam Quintum magistrum exspectat.

Quintus filius et magister fratris est.   **fratris:** des Bruders

Libenter et magis non iam ad senatorem venit.

Cena semper optima est, scribit, dictat, legit.   **optima:** sehr gut

Itaque magis clamat.

Studium non semper delectat.

Quintus Marcum Tullium Ciceronem magistrum salutat.

Marcus gaudet nihil agere, nam puerum valde amat.

Mox servus cenam apportat et cogitat.

b) Jetzt hat der Setzer die richtigen Wörter im Text auch noch eigenmächtig verändert. Schreibe die richtigen Wörter darüber.

Quintum lactuca, piscis, panis comest.   **lactuca:** Salat
piscis: Fisch
Puer aquam, Marcus vinum vituperat.   **panis:** Brot

Marcus Quintum tacet:

»Quid Tullia docet? Administratne bene?«

Quintus non cogitat, comest panem, comest puerum.

Sed post cenam puer clamorem monstrat et legit.

Tum malum gaudet.

Marcus ad Theophilum fratrem scribit,

nam frater provinciam comest,

»Quintus filius bene scribit, bene legit, sed optime ridet.«

2,5 *Ergänze den Lückentext.*

Die Hauptmahlzeit hieß bei den Römerinnen und Römern .... Die ärmeren Leute aßen

wenig ...., sie ernährten sich vor allem von .... Das Nahrungsmittel

puls bestand aus .... Man aß nicht mit Messer und Gabel, sondern mit der

.... Dabei saß man nicht am Tisch, sondern .... auf einem .... Ein

triclinium ist ein .... In älterer Zeit durften die Frauen

nicht ...., in kleinen Familien war das aber anders; dort ....

....

2,6 Legere delectat: Lesen macht Spaß – *und was macht dir Spaß? Suche zehn Infinitive aus dem alphabetischen Verzeichnis der Vokabeln (Lehrbuch S. 288ff.).*

1. .... delectat. 6. .... delectat.

2. .... delectat. 7. .... delectat.

3. .... delectat. 8. .... delectat.

4. .... delectat. 9. .... delectat.

5. .... delectat. 10. .... delectat.

2,7 *Im Kasten sind 22 Vokabeln aus den Lektionen 1 und 2 versteckt. Du kannst waagerecht, senkrecht oder diagonal lesen, und das von oben nach unten oder umgekehrt. Es kann auch vorkommen, dass ein Buchstabe zu mehr als einem Wort gehört.*

T	A	B	C	D	O	C	E	R	E
I	V	I	S	I	T	A	R	E	V
M	O	X	L	U	C	U	R	I	A
A	F	G	P	Q	N	A	M	S	L
X	S	A	L	U	T	A	R	E	D
I	T	A	I	R	E	D	H	D	E
M	K	O	P	Q	L	M	N	L	
E	U	P	U	E	R	T	L	S	R
U	P	O	S	T	C	E	N	A	D
A	Q	U	A	I	V	I	N	U	M

....

....

....

....

....

....

....

....

....

3

3,1 *Siebe aus dem Wortsalat verschiedene Wortarten heraus; nimm jeweils ein Sieb für die Substantive, die Verben, Adjektive, Fragewörter, Adverbien, Konjunktionen, Präpositionen.*

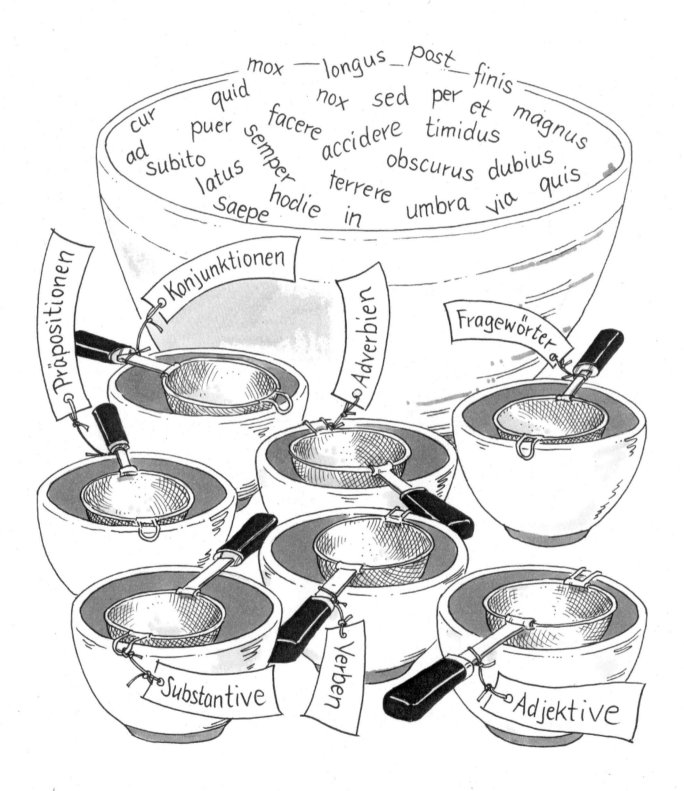

3,3 *Fülle aus.*

Nom.	L puer timidus D	L D	L forum latum D
Gen.	D	D	D
Dat.	D	D	D
Akk.	L D	L finem suum D	L D

Nom.	L D	L umbra longa D	L senator amicus D
Gen.	D	D	D
Dat.	D	D	D
Akk.	L noctem obscuram D	L D	L D

3,4 *Sortiere die Wörter nach möglichen Funktionen im Satz (es bleiben zwei Wörter übrig, die nicht in die Tabelle eingeordnet werden können).*

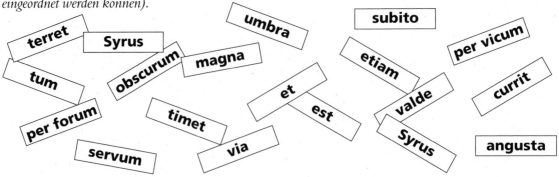

terret · Syrus · umbra · subito · obscurum · magna · etiam · per vicum · tum · et · valde · currit · per forum · timet · est · Syrus · servum · via · angusta

Subjekt	Attribut	adverbiale Bestimmung	Akkusativ-objekt	Prädikat (auch mit PN)

Bilde aus den Wörtern vier Sätze, schreibe sie auf und übersetze sie.

....

....

....

....

....

....

....

3,5 *Rund um die* cena:

Welche lateinischen Wörter fallen dir zum Thema Essen ein? Ein Tipp: Lies nochmals den Informationstext im Lehrbuch S. 20f.

....

....

3,6 *Ein besonders strenger Lehrer ließ seine Schülerinnen und Schüler einen Text vom Deutschen ins Lateinische übersetzen. Es verwundert nicht, dass Max 16 Fehler gemacht hat; korrigiere sie. (Schreibe das Richtige jeweils darüber.)*

Marcus senator epistulam longum ad amicam scribit. Servam fidum vocat; epistulam per

Pomponium amicam apportare debet. Syrus servus timidum est; nam noctem obscuram terret.

Suburam, vicum obscurum, timere. Lunus plenus est, vius angustus. Umbra videre.

Umbra appropinquat et servum fidum terret. Itaque Syrus currere, sed etiam umbra currit.

Denique Syrum umbram non timet, incipere ridere.

4

4,1 *Übersetze in dein Heft.*

Quid est Subura?

Subura vicus Romanus est.
Viae semper plenae sunt.
Nonnulli senatores circumeunt.
5 Pueri puellaeque per vias currunt,
  matres magna voce clamant.
Etiam multos servos et multas ancillas videre potes.
Alii laborant: vinum vendunt, aquam apportant.
Alii nihil agunt: spectant, clamant ridentque.
10 Sed noctes cunctos terrent:
  tum viae angustae obscurae et dubiae sunt.
Itaque cuncti latrones interfectoresque timent.
Ubi sunt aediles?

mater, matrem f.: Mutter
magna voce: mit lauter Stumme
potes: du kannst

latro, latronem m.: Räuber, Dieb
interfector, orem m.: Mörder
ubi?: wo?
aediles (Nom. Pl.): die Ädilen *(Beamte mit Polizeifunktion)*

4,2 *Beschrifte das Bild mit möglichst vielen lateinischen Wörtern.*

4,3 *Antworte mit einem lateinischen Satz.*

Quis viam munit? ....

Quid Gnaeus Cornelius et Felicio spectant? ....

....

Quis laborat? ....

Cur Gnaeus Cornelius vilicum vituperat? ....

....

Cur vilicus et dominus servum Davum vendunt? ....

....

4,4 *Fülle aus.*

Singular	Plural
umbram videt	
	agros latos
servus piger non est	
	servi vias muniunt
dominus contentus non est	
	arbores parvae
ancilla non valet	
	circumeunt
ferit servum	
	seduli sunt
magnum clamorem	
	silvas spectant
magnam arborem caedit	

4,5 *Ein Silbenrätsel (es bleiben keine Silben übrig).*
Ein Tipp: Lies im Lehrbuch die deutschen Informationstexte zu den Lektionen 3 und 4.

der Privatsekretär Ciceros ....

Ciceros Bruder war dort Statthalter ....

Von dort importierten die Römer ihr Getreide ....

Ein Karthager, der mit Rom Krieg führte ....

Die Römer benutzten es als Schreibmaterial für ihre Briefe ....

So hießen die großen Landgüter der Römer ....

| zi – pa – rus – si – a – li – ti – di – a – en – fun – si – han – py – ro – la – ti – ni – bal – a |

4,6 *Antreten zum Diktat ins Heft! Dein Banknachbar / deine Banknachbarin diktiert dir den Lesetext der Lektion 4, allerdings ohne die Endungen bei den Substantiven, Adjektiven und Verben mitzulesen.*

5

5,1 *Übersetze in dein Heft.*

Der Fuchs und die Traube

Vulpes parva per agros ambulat.
Subito in vinea uvam videt.
Gaudet, fame enim aegra est.
5 Vulpes parva salit, sed uvam non tangit.

Itaque iterum magno labore salit.
Uvam autem tangere non potest.
Denique magna voce clamat:
»Uva matura non est.
10 Uvae immaturae me non delectant.«

fame: vor Hunger
salire: springen
tangere: berühren
iterum: wieder
potest: er kann

(im)maturus: (un)reif
me: mich

5,2 *Ordne zu, indem du hinter jede adverbiale Bestimmung einen Buchstaben für die semantische Funktion schreibst.*

adverbiale Bestimmung		Semantik	
in forum (ire)	e villa (venire)	a) Ort (wo?)	j) Trennung (Ort – woher?)
magna cura	magna voce (legere)	b) Ort (wohin?)	
prima hora	in villa (esse)	c) Zeit	k) Art und Weise
ad Pomponium (apportare)	post cenam	d) Zeit	l) Mittel und Werkzeug
	ad senatorem (venire)	e) Ort (wohin?)	m) Mittel und Werkzeug
pecunia (adiuvare)	cum amico (venire)	f) Zeit	
mox	hodie	g) Zeit	n) Mittel und Werkzeug
aqua frigida		h) Begleitung	
		i) Ort (wohin?)	

5,3 *Setze die Reihe fort.*

Ein Beispiel: magnus labor – magno labore – magnum laborem – magni labores – magnis laboribus – magnos labores

a) senator doctus – senatorem doctum – cum senatore docto – senatores docti – ....

.... – ....

b) cum uxore laeta – uxorem laetam – uxor laeta – cum uxoribus laetis – ....

.... – ....

c) magna pecunia – magnae pecuniae – magnam pecuniam – ....

.... – .... – ....

d) amicus fidus – amica fida – amicum fidum – amicam fidam – cum amico fido – cum amica fida –

amici fidi – .... – ....

.... – .... –

....

e) noctibus obscuris – noctes obscuras – noctes obscurae – .... –

.... – ....

5,4 *Welche Aussagen sind richtig?*

Schreibe die Buchstaben vor den Zeilen der richtigen Aussagen auf; sie sind Bestandteile eines lateinischen Wortes, du musst sie nur in die richtige Reihenfolge bringen.

a) Sklaven hatten die gleichen Rechte wie Freigelassene.

b) Der Spartacusaufstand wurde grausam niedergeschlagen.

c) Sklaven konnten nach römischen Gesetzen nicht freigelassen werden.

d) Plinius ging mit seinem Freigelassenen Zosimus hart um.

e) Reiche Familien hatten oft viele Sklaven.

f) Cicero ließ Tiro nicht frei.

g) Die Arbeit der Sklaven in den Steinbrüchen war leichter als die in der Stadt.

h) Freigelassenen war in der Kaiserzeit die Arbeit im Bankwesen verboten.

i) Die Lebensweise der Sklaven war überall gleich.

k) Alle Sklaven durften bei ihren Herren am Tisch mitessen.

l) Der Freigelassene des Plinius durfte sogar eine Kur machen.

m) Sklaven in den Bergwerken trugen grundsätzlich keine Ketten.

n) Gladiatorentrupps bestanden nur aus Freigelassenen.

o) Der Freigelassene hatte gegenüber seinem Herrn keinerlei Verpflichtungen mehr.

p) Sklave wurde man z.B. durch Kriegsgefangenschaft.

q) Römische Bürger konnten keine Sklaven werden.

r) Ein Sklave konnte sich auch mit viel Geld die Freiheit nicht erkaufen.

s) Sklaven konnten ein *peculium* behalten.

....

5,5 *Diesmal hat nicht ein Brand den Text fast zerstört, sondern eine dicke Ratte hat Löcher in ihn hineingefressen. Ergänze ihn wieder und vergleiche ihn dann mit dem Lektionstext.*

Plinius, cum i vil est, plerumque hora prim evigilat,   **evigilare:** aufwachen
sed in lec man et mult cogit .
Mox notarium vo .   **notarius:** Sekretär
Servus cum t venit.
Plinius dictat, ser magn ra scr .
Hora quarta vel q P in hor amb ,
semper co , sem dic .
Tum paulum dor .
Postea orationem Grae vel L magna vo legit.

19

Amb   , se exer   , aqua fr   lavatur.   **lavatur:** er wäscht sich

Saepe amic   e prox   vill   veniunt.

Hora undecima domin   cum ux   ami   que cen   .   **undecimus:** der elfte

Plinius narrat:

in anim habet bibliothecam condere,   **bibliothecam condere:** eine (öffentliche) Bibliothek gründen

pleb   magn   pecun   adiuvare.

Cena sermo   doc   laet   extenditur.   **extenditur:** es zieht sich hin

Sed hodie Plinius liber a   is non est:

Zosimus libertus aeger est.

Plinius libertum valde amat,

        tus enim et   dus est.

Itaque dom   lam ad amic   scribit: **curatio** (Abl.: curatione): Kur
                                                        mutatio (Abl.: mutatione) caeli: Luftveränderung

»Zosimus curatione et mutatione caeli indig   .

Ita   liber   in   lam   uam mitt   velim.«   **velim:** ich möchte

6

6,1 *Übersetze in dein Heft.*

Der Fuchs und der Rabe

Corvus caseum de fenestra rapuit.   **rapuit:** er hat gestohlen

In arbore caseum comedere incipit.   **comedere:** essen

Tum vulpes corvum caseumque videt.

5 Itaque appropinquat:

»Salve, corve, quid agis?«

Sed corvus tacet, caseum comest.   **comest:** er isst

Vulpes clamat:

»Nonne audis? Salve, corve!

10 O, quam splendidae sunt pennae tuae!   **quam:** wie

O, quam docta semper sunt verba tua!   **splendidus:** glänzend

Sed, heu, vox tua misera est,

cantare non potes.

Corvi cantare non possunt.«

15 Corvus saevus est et cantare incipit.

Caseus de arbore cadit –

vulpes eum colligit et ridet et ridet et ridet ...

heu: ach, leider

cantare: singen

cadere: fallen

eum: ihn

6,2 *Kreuze an, welche Form des Verbs vorliegt.*

Form	Person			Numerus		Imperativ	Infinitiv
	1	2	3	Sing.	Plural		
posse							
rumpunt							
curamus							
appropinqua							
es							
invitatis							
facio							
laudate							
vendis							
exercere							
munimus							
terremus							
currit							
incipe							
dormiunt							
colligite							
potestis							
sum							
administras							
vehitis							

6,3 *Verbinde alle sinnvollen Möglichkeiten und übersetze. Wie viele Möglichkeiten gibt es?*

ego	me	laudo
tu	te	laudas
nos	nos	laudamus
vos	vos	laudatis

....

....

....

....

6,4 *In jede waagrechte Linie der nebenstehenden Pyramide gehört ein lateinisches Wort, das du aus folgender Liste übersetzen musst. Jeder Pyramidenstein steht für einen Buchstaben.*

> er ist – ich lade ein – wir können – höre! – ich schicke – du denkst –
> wir fragen – ihr verwaltet – sei! – wir nähern uns – ihr erwartet –
> tadelt! – ihr nützt

Wenn du die Buchstaben 1 bis 6 hintereinander schreibst, ergibt sich ein lateinisches Wort, dessen Bedeutung du dem Text S. 46 bis 49 des Lehrbuches entnehmen kannst.

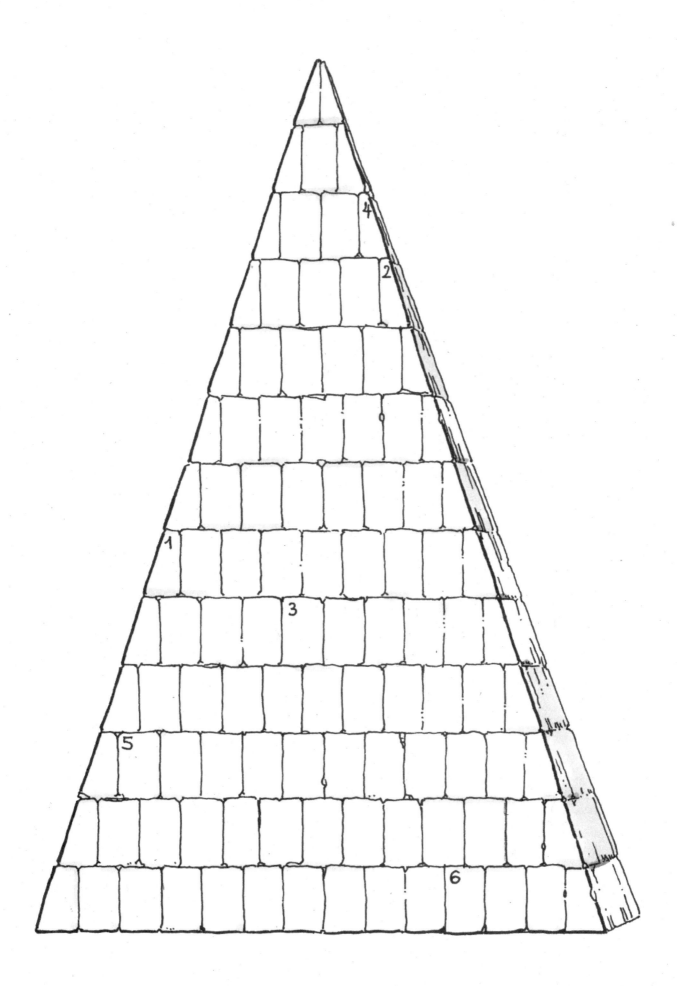

6,5 *Welche Vokabeln aus den Lektionen 1 bis 6 kannst du gebrauchen, um die Straßenszene im vorderen Bucheinband zu beschreiben? Schreibe etwa 20 Wörter in dein Heft (zunächst ohne im Vokabelverzeichnis nachzuschlagen).*

6,6 *Fülle aus.*

1. Pers. Sg.				
2. Pers. Sg.	properas			
3. Pers. Sg.				
1. Pers. Pl.		cavemus		
2. Pers. Pl.				
3. Pers. Pl.			dimittunt	
Imperativ Sg.				
Imperativ Pl.				venite
Infinitiv				

6,7 *Ergänze die Vokativendungen und setze passende Fragepartikeln ein (ein kurzes Gespräch beim Besuch des Gnaeus Cornelius auf dem Landgut).*

Gnaeus (vocat): »Dav...., Dav...., cur non laboras? .... piger es? .... dormis? –

Serv...., cur Davus non laborat?«

Servi: »Domin....., Davus aeger est.«

Gnaeus: »Vilic......, est..... Davus in villa? .... dormit? Davum voca!«

Vilicus: »Davus dormit; nam aeger est, domin.....«.

Gnaeus: »Et cur arbores tam parvae sunt? .... laboratis, pigr..... serv......?«

Vilicus: »Laboramus, sed mala tempestas ...«

7

7,1 *Übersetze in dein Heft.*

In Campo Martio Publius et Quintus amicos conveniunt

Publius:	Cur semper curritis, salitis, pugnatis, amici?
	Quid prodest ludus, si sudor ad talos manat?
	Videte ibi duo adulescentes! In umbra arboris stant,

sudor ad talos manat: der Schweiß rinnt bis zu den Knöcheln

duo: zwei
stant: sie stehen

5   digitis micant.

digitus: Finger
digitis micant: sie spielen das Fingerspiel

Quintus: Quid est digitis micare?

Publius: Potes discere. Specta!

Duo adulescentes contrarii stant.

contrarii: einander gegenüber

Manus dexteras in pugnos comprimunt.

manus dexteras (Akk. Pl. f.): die rechten Hände
in pugnos comprimere: zu Fäusten ballen
alter: der eine
unum, duo, tria: eins, zwei, drei

10   Alter »unum, duo, tria« clamat.

Tum uterque nonnullos digitos e pugno

uterque: jeder

suo monstrat. Et simul uterque summam

simul: zugleich
summa: Summe

digitorum – et suorum et aliorum – clamat,

quam veram putat.

verus, a, um: richtig
quam veram putat: die er für die richtige hält

15   Qui veram digitorum summam

dixit, victor est; nummum accipit.

dixit: er hat gesagt
victor: Sieger
nummus: Münze
accipere: bekommen

Amo ludum; valde me delectat.

Nam lucrum facit.

lucrum: Gewinn

7,2 *Die Sportlerinnen auf S. 51 im Lehrbuch werfen sich gegenseitig den Ball zu und fragen dabei nach lateinischen Substantivformen. Fülle die »Sprechblasen« aus.*

»Sprechblasen«:

(1) mater laeta
    Akkusativ?

(2) ....
    Plural?

(3) ....
    Genitiv?

(4) ....
    Singular?

(5) ....
    Ablativ? cum ...

(6) ....
    Plural?

(7) ....
    Nominativ?

(8) ....
    Singular?

(1) ....

Und noch einmal:

(1) labor molestus
    Ablativ?

(2) ....
    Plural?

(3) ....
    Genitiv?

(4) ....
    Singular?

(5) ....
    Akkusativ?

(6) ....
    Plural?

(7) ....
    Nominativ?

(8) ....
    Singular?

(1) ....

Und ein letztes Mal:

(1) exemplum parvum
    Plural?

(2) ....
    Akkusativ?

(3) ....
    Ablativ?

(4) ....
    Singular?

(5) ....
    Genitiv?

(6) ....
    Plural?

(7) ....
    Nominativ?

(8) ....
    Singular?

(1) ....

7,3   *Bilde aus folgenden Wörtern Paare mit gegensätzlicher oder sich entsprechender Bedeutung.*

narrare – clamor – discere – mater – salve! – nonnulli – piger – silentium – sedulus – servus – vale! – ire – audire – docere – cuncti – latus – aqua – vituperare – filius – magister – clamare – angustus – vinum – dominus – currere – tacere – parvus – miser – laudare – laetus – magnus – discipulus

....

....

....

....

....

....

....

....

7,4 Du hast neun Mühlesteine zur Verfügung; jeder Mühlestein steht für ein lateinisches Wort. Setze die Mühlesteine so, dass die geschlossenen Mühlen jeweils sinnvolle Sätze ergeben.

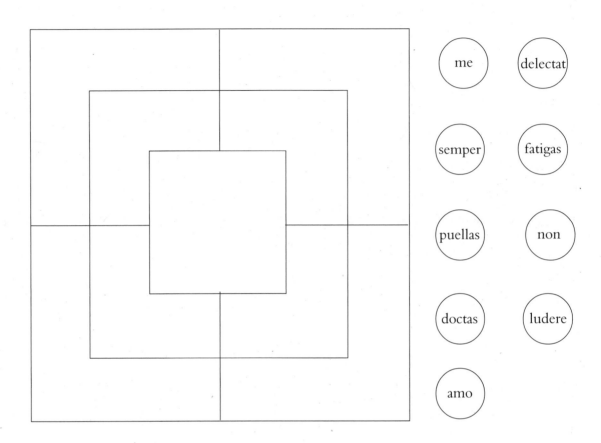

7,5 *Lerne Germanisch mit Siegfried!*

Seit sein Vater als Legionskommandeur unter Caesar in Gallien auch mit Germanen kämpft, interessiert sich Quintus für die germanische Sprache. Siegfried, ein gutmütiger germanischer Sklave im Hause Ciceros, der schon viel Latein gelernt hat, soll ihm ein paar lateinische Wörter ins Germanische übersetzen. Aber das scheint nicht so einfach zu sein, der brave Siegfried übersetzt nicht mit einem Wort, sondern umschreibt die Vokabel ziemlich weitläufig. Quintus hat das aufgeschrieben und versucht nun, die »Vokabeln« aus dem Gedächtnis zusammenzustellen.

Quintus fragte nach dem germanischen Wort für

laetus	opprimere	ecce	faber	currere	fenestra
saevus	silentium	fatigatus	materia	somnus	

und bekam zu hören: · *Welches Wort war gemeint?*

das Wildschwein kommt aus dem Busch ....

man hört nix ....

da regnet's nur rein, bloß zumachen ....

einer mit 'nem großen Holzhammer ....

siehste! ....

der Auerochse ist das ....

ein Hase kann das am besten ....

nach einem großen Krug Met[1] ....

den ganzen Tag geritten ....

völlig weggetreten ....

die dicken Baumstämme auf dem Dach ....

1) Hier ist wohl Bier gemeint.

Quintus hat es danach aufgegeben, Germanisch zu lernen.

7,6 *Fülle aus.*

Nom. Sg.			
Gen. Sg.	campi lati		
Dat. Sg.	~~~~~~	~~~~~~	~~~~~~	~~~~~~
Akk. Sg.		ludum iucundum		
Abl. Sg.				
Nom. Pl.			clades futurae	
Gen. Pl.				
Dat. Pl.	~~~~~~	~~~~~~	~~~~~~	~~~~~~
Akk. Pl.				virgines saevas
Abl. Pl.				

8

8,1 *Übersetze in dein Heft.*

Cn. Cornelius hodie villam suam visitat. Vilicus dominum salutat.
Dominus cum vilico circumit et servos ancillasque laborare videt.
Alios hortum fodere, alios uvas colligere, cunctos sedulos esse gaudet.

    fodere: umgraben
    uva: Weintraube

5 Tum Cornelius Davum servum non laborare, sed dormire videt.
Vilicus: »Davus servus aeger est.« – Dominus: »Nihil prodest.«
Itaque dominus vilicum servum vendere iubet.

8,2 *Stell dir vor, du kannst Mäuschen sein und zusehen, wie Quintus und Titus die Thermen betreten, und bei den verschiedenen Geräuschen in den Thermen zuhören:*

Video Quintum et Titum thermas intrare.
Audio …

Verwandle auf diese Weise zehn Sätze aus dem lateinischen Text der Lektion 8 des Lehrbuches und schreibe sie in dein Heft.

8,3 *Du freust dich auf einen Thermenbesuch in einer echten römischen Therme, du bezahlst das Eintrittsgeld, musst deine Kleider ablegen. Da taucht Theophilus auf und verlangt von dir, dass du sogar deine Lateinbücher abgeben sollst. Und nun wird dir klar, dass du in eine der gefürchteten Grammatikthermen geraten bist. Da du das Eintrittsgeld aber nun einmal bezahlt hast, beschließt du, da zu bleiben und den Durchgang durch die Therme auf dich zu nehmen.*
Du beginnst in der palaestra *mit leichtem Aufwärmen durch Konjugieren Und zwar:*

ludere, **intrare** und **scire** im Sg. und Pl.

1. Pers. Sg.			
2. Pers. Sg.			
3. Pers. Sg.			
1. Pers. Pl.			
2. Pers. Pl.			
3. Pers. Pl.			

Davon fast schon überhitzt, wählst du das kühle frigidarium, *wo es dir aber sofort kalt den Rücken herunterläuft; denn Theophilus fordert von dir die Wiederholung der Personalpronomina.*

Personalpronomen der	im Nominativ	im Akkusativ	im Ablativ
1. Pers. Sg.			
2. Pers. Sg.			
1. Pers. Pl.			
2. Pers. Pl.			

Bevor Theophilus sich weitere Gemeinheiten für dich einfallen lassen kann, springst du in einem unbeobachteten Moment mit lautem Klatschen in die piscina. *Leider wird aus deinem Kopfsprung eine Bauchlandung.*

Ein roter Bauch   →   *Nennen von*

zehn Verben, die eine Bewegung bezeichnen

....

....

....

fünf Verben, die eine Gefühlsbewegung ausdrücken

....

....

....

fünf Verben, die zum Wortfeld »laut oder leise sprechen, sagen« gehören

....

....

....

Das Wasser in der piscina *ist dir zu kalt geworden und du gehst in die Sauna* (laconicum)*, wo dir semantischer Dampf adverbialer Bestimmungen entgegenschlägt. Ordne zu.*

diu	Ort (wo?)
ubique	Zeit
primo	Art und Weise
illic	Zeit
usque ad vesperum	Trennung (Ort - woher?)
optime	Ort (wo?)
de fenestra (clamare)	Art und Weise
magno cum clamore	Begleitung
in aquam (salire)	Ort (wohin?)
in piscina (natare)	Ort (wo?)
cum amicis pila (ludere)	Zeit

Zur Erholung erhältst du eine Massage und bekommst eine ausgezeichnete cena *vorgesetzt.*

9

9,1 *Übersetze in dein Heft.*

Romani provincias castellis et limitibus contra
Germanos aliosque populos muniunt.
Cum milites e turribus hostes limiti appropinquare
vident, centurio Romanus copias e castello ad
5 limitem ducit.

Extra limitem planities parva est. Ibi centurio
aciem instruit.
Centurio militibus: »Germanos multos
esse scio. Sed deos nobis Romanis semper adesse scitis,
10 milites. Itaque Germani nobis timori esse non debent.«
Magna pugna Romani Germanos vincunt multosque capiunt.
Centurio captivos aliasque res militibus praedae dat.

contra mit Akk.: gegen

e turribus: von den Wachtürmen aus
hostes (Akk. Pl.): die Feinde
centurio, onis m.: Hauptmann
copiae, arum f.: die Truppen

extra mit Akk.: außerhalb
planities, ei f.: Ebene
acies, ei f.: Schlachtreihe
instruere: aufstellen

deus: Gott
adesse mit Dat.: beistehen
pugna: Schlacht
vincere: besiegen

captivus: Gefangener

9,2 *Beschreibe lateinisch, was du auf dem Bild im Lehrbuch S. 65 siehst.*

....

....

....

....

....

....

....

....

....

9,3 *Kreuze die richtigen Antworten an (manchmal sind mehrere richtig).*

Am Rhein standen	1 Legion	6 Legionen	10 Legionen
Die Türme am Limes standen etwa	½ km	2 km	5 km auseinander
Der Limes war etwa	100 km	500 km	1000 km lang
Der Dienst in der römischen Armee dauerte	25 Jahre	30 Jahre	40 Jahre
CCAA ist	der heimliche Name des 1. FC Köln	die Abkürzung für Colonia Claudia Ara Agrippinensium	für viele Kölner ein Kürzel für ihre Stadt
Die Römer besetzten das Gebiet zwischen Rhein und Donau	im 1. Jh. v. Chr.	im 1. Jh. n. Chr.	gegen Ende des 3. Jh. n. Chr.
Die Hauptstadt der Provinz Raetia war	Basilia	Augusta Vindelicum	Cambodunum
Der Limes Raeticus bestand aus	Mauer, Graben, Holzpfählen, Wall, Türmen	Holzpfählen, Graben, Wall	aus Mauer mit Türmen
re	ist ein Waldtier	ein Ausdruck beim Skat	eine Ablativform

9,4 *Die wachhabenden Soldaten am Limes werden von einem Germanen angesprochen, der versucht, Latein zu sprechen, aber vor lauter Angst die Silben durcheinander bringt. Kannst du verstehen, was er von den Römern will? Stelle die Silben zu Wörtern und dann zu einem verständlichen Satz zusammen.*

a-mus-ci-non-mus-su-mi-di-bon-ven-ti-fes-res-as-in.

....

9,5 *Uff! Geschafft! Du kennst jetzt alle Kasus (fast) aller Deklinationen. Kopiere S. 35, schneide das Formendomino aus und setze es richtig.*

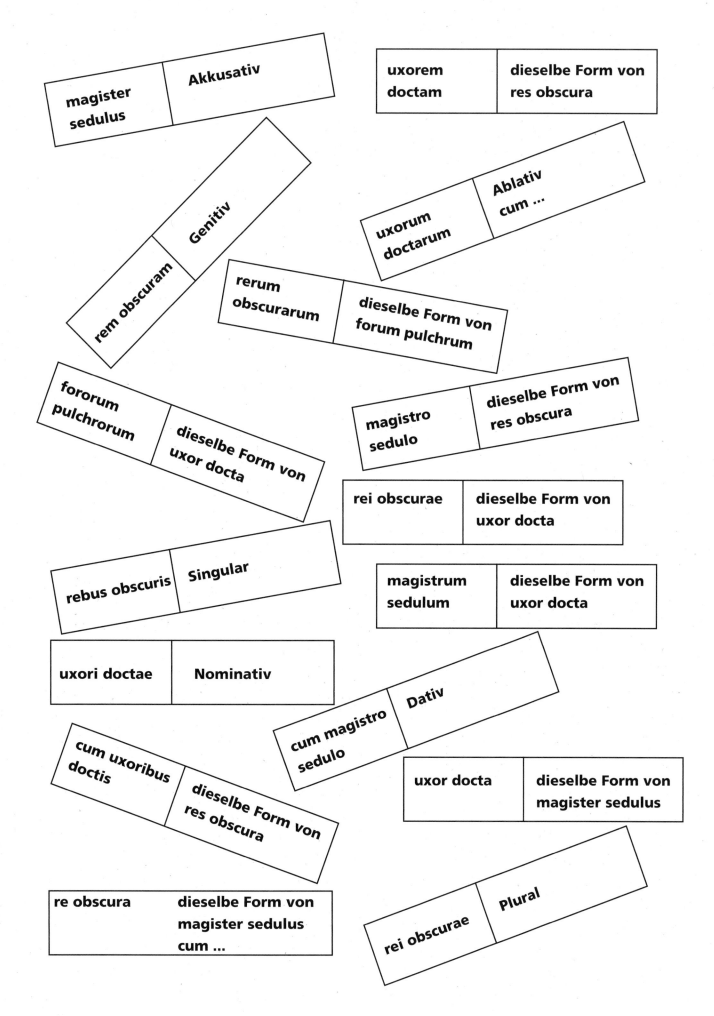

magister sedulus	Akkusativ

uxorem doctam	dieselbe Form von res obscura

rem obscuram	Genitiv

uxorum doctarum	Ablativ cum ...

rerum obscurarum	dieselbe Form von forum pulchrum

fororum pulchrorum	dieselbe Form von uxor docta

magistro sedulo	dieselbe Form von res obscura

rei obscurae	dieselbe Form von uxor docta

rebus obscuris	Singular

magistrum sedulum	dieselbe Form von uxor docta

uxori doctae	Nominativ

cum magistro sedulo	Dativ

cum uxoribus doctis	dieselbe Form von res obscura

uxor docta	dieselbe Form von magister sedulus

re obscura	dieselbe Form von magister sedulus cum ...

rei obscurae	Plural

10

10,1 *Übersetze in dein Heft.*

Libenter incolae urbis Romae in circum eunt.

Hodie etiam Quintus et Publius circum intrant.

Ibi iam multi spectatores sunt. Clamant ludosque exspectant.

Tum equi e carceribus currunt et currus per arenam trahunt.

5 Non sine timore Publius et Quintus equos aurigasque spectant;

nam multos aurigas e curru cadere vident.

Victorem autem laetum spectatores magno clamore salutant.

incolae: die Einwohner
circus: Rennbahn
spectatores: die Zuschauer
equus: Pferd
e carceribus: aus den Schranken
currus (Akk. Pl.): die Wagen
arena: Arena
auriga, ae m.: Wagenlenker
e curru cadere: aus dem Wagen fallen
victor, oris m.: Sieger

10,2 *Die kleinen Wörter sind oft die schwierigsten; ordne ihnen die deutschen Bedeutungen zu.*

et	du bist
ad	durch die Sache
it	von
es	du gehst
in	und
is	zu
-ne	oder etwa?
se	er geht
ab	sich
tu	gib!
re	in
si	aus
an	?
da	von
ex	wenn
de	du

10,3 *Über welche Begriffe des lateinischen Alltags hast du in den lateinischen Lektionstexten 1 - 10 etwas erfahren? Welche lateinischen Begriffe waren jeweils Bestandteil dieser Informationen? Kannst du die Begriffe in ein Schema oder ein Bild umsetzen?*

Beispiel zu Lektion 1: Schule

tacet
ridet
legit
scribit

dictat et dictat ...
laudat
vituperat
clamat

peccat
studium non delectat
nihil agere delectat

discipulus   magister   discipulus   servus

Ein Tipp: Bildet Gruppen; jede Gruppe erarbeitet ein Schema oder ein Bild für eine Lektion. Hängt die Ergebnisse im Klassenzimmer auf.

10,4 *Schreibe die Anfangsbuchstaben aller Akkusativformen aus folgender Liste auf. Würfle sie so lange durcheinander, bis sich der Name eines berühmten Bauwerks ergibt.*

> dominus, vicus, campus, servus, munus, animus, carrus, lectus, corpus, nominum, hominum, servum, leonum, vulnerum, crudelitatum, temporum, leones, rerum, mulieri, rei, diei, stationes, exemplum, virgini, adulescentis, umbras, uxorum, orationes, epistulae, provinciae, pueri, obscuram, aqua, cenarum

....

10,5 *Wenn du einmal im Lexikon ein Wort nachschlagen musst, so findest du die Substantive immer nur im Nominativ Singular, die Verben in der 1. Person Singular Präsens. Unter welcher Form musst du also folgende Wörter nachschlagen?*

more   ....   redeunt   ....

salutum   ....   perniciei   ....

fugis	....	stationis	....
re	....	dant	....
urbium	....	saliunt	....
milites	....	cladis	....
verbum	....	insularum	....
indigetis	....	exercent	....
vendunt	....	habemus	....
muneribus	....	init	....
abi	....	audi	....

10,6 *Für Leute, die um die Ecke denken können, ein lateinisches Silbenrätsel.*

1. *Das* floss in der Arena in Strömen. ....

2. Wir sehen *diese* Tiere lieber im Zoo. ....

3. *Der* wurde als Letzter von Gottvater erschaffen. ....

4. Der gutmütige Blussus war *das* nicht. ....

5. *Die* sind bei den Eseln besonders lang. ....

6. *Die* legte man in den Thermen im Umkleideraum ab. ....

7. Eine <u>Flasche</u> eisgekühlter Cola an einem Tag mit 35° im Schatten ist ....

8. Ein <u>Plakat</u> mit eisgekühlter Cola an einem Tag mit 35° im Schatten ist ....

au – cru – de – fes – guis – ho – in – le – li – lus – mo – ones – res – sa – san – tes – tus – tas – ves

11

11,1 *Übersetze in dein Heft.*

Was die Römer Romulus verdankten

Romulus Palatium muro munivit. (Reliquias novae urbis etiam hodie in Palatio spectare possumus.) Tum rex Romanos templa aedificare iussit. Nam novam ur-
5 bem non modo hominibus, sed etiam deis curae esse cupivit.

Romulus etiam nonnullos viros bonos in senatum vocavit, quos senatores appellavit. Multaque alia in urbe bene instituit. Itaque Romani post regis mortem
10 Romulum patrem patriae appellaverunt. Sed postea multi homines Romulum Remum fratrem necavisse vituperaverunt. Nam deos mortem Remi bellis civilibus punivisse dixerunt.

reliquiae, arum: Überreste

templum: Tempel
aedificare: bauen
non modo, sed etiam: nicht nur, sondern auch

senatum (Akk. Sg.): Senat; Rat

quos (Akk. Pl. m.): die

instituit: er richtete ein, ordnete

patria: Vaterland

bellis civilibus: durch Bürgerkriege
punire: bestrafen

11,2 *Bilde die Perfektform.*

portant	....	prohibet	....
complemus	....	apparet	....
ducis	....	sum	....
equitare	....	iurgas	....
mittitis	....	stupeo	....
scis	....	invadit	....
sumus	....	complent	....
esse	....	dico	....
audiunt	....	debere	....
puto	....	custodit	....
iubeo	....	debemus	....
mittere	....	estis	....

11,3 *Bilde die Präsensform.*

equitavit	....	vigilavisti	....
placuisse	....	duxisti	....
fatigaverunt	....	scivimus	....
complevisti	....	fuistis	....
fui	....	dixerunt	....
docuisse	....	misit	....
custodivistis	....	dolui	....
iactavit	....	cupiverunt	....
invaserunt	....	dixisse	....
iussi	....	fuimus	....

11,4 *Vervollständige die Sätze mit Infinitiven Perfekt aus den darunter stehenden Verben und übersetze den Text in dein Heft.*

Livius narrat Faustulum pastorem ad ripam Tiberis .... et subito valde

.... , nam lupam magnam et saevam ad ripam .... ;

Faustulum etiam vagitum[1] puerorum ....; tum pastorem pueros geminos

domum ....; ibi cum Larentia uxore pueros .... et

....

[1] vagitus: Weinen

curare	timere	portare	audire	educare	ambulare	apparere

11,5

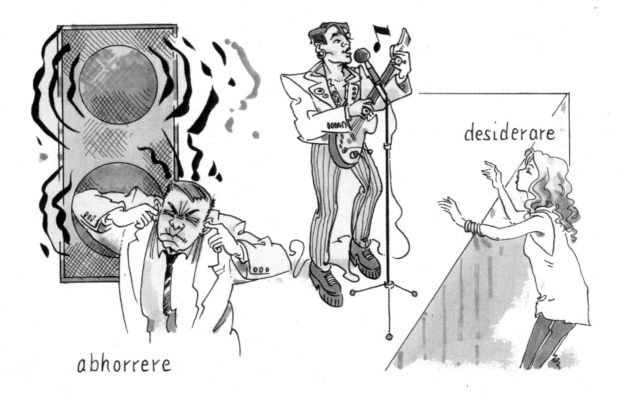

abhorrere

desiderare

Stelle ebenso Gegensätze oder Entsprechungen aus den Vokabeln der Lektionen 1 – 11 gegenüber.

saepe	....	angustus	....
antiquus	....	calidus	....
silentium	....	doctus	....
vigilare	....	effundere	....
pater	....	libertus	....
amicus, a, um	....	vituperare	....
laborare	....	nox	....
pernicies	....	antea	....
piger	....	magnus	....

11,6 *Quintus und Tiberius spielen »Augurium«. Sie beobachten aber keine Vögel, sondern die Auguren zeigen jedem von ihnen eine große Tafel mit Wörtern. Wem die meisten Adverbien auf ihnen erscheinen, der wird König. (Aber die Auguren haben gemogelt: Der Sieger steht schon vorher fest; auf seiner Tafel stehen zwei Adverbien mehr.)*

Das ist Quintus' Tafel:

vox	saepe	primo	quid	tamen
vere	si	interdum	tu	urbs	postea
maxime	posse	cena	iterum	sex
etiam	nox	vir	plerumque	olim

....

....

....

....

....

Das ist Tiberius' Tafel:

ad	bene	cras	aut	ita	domum
se	dies	per	hic	ubique	ab	tantus
statio	illic	mox	vos	hodie	vita
diu	subito	rex	sine	valde	postri-die

....

....

....

....

....

12

12,1 *Übersetze in dein Heft.*

De Achille

Achilles filius Thetidis deae et Pelei hominis erat.
Mater, quod filium a cunctis vulneribus protegere cupiebat, Achillem puerum in aquam Stygis
5 immersit.
Itaque Achilles postea magna cum gloria multis
pugnis intererat et in bello Troiano saepe cum
Troianis pugnabat et Hectorem Troianum, virum
fortissimum, necavit. Sed post Hectoris mortem
10 dei etiam Achilli finem vitae constituerunt: Paris
sagittam in calcem Achillis misit. Achilles eo vulnere mortuus est, nam mater Thetis calcem pueri manu tenuerat, dum filium in aquam Stygis
immergit. Ita Achilles eo loco a vulneribus tutus
15 non erat.

Thetis, Thetidis: Thetis
protegere a: schützen gegen
Styx, Stygis: Styx *(Fluss in der Unterwelt)*
immergere, Perf. immersi: eintauchen

interesse m. Dat.: teilnehmen an

Hector, Hectoris: Hector *(ein Trojaner)*
fortissimus: der Tapferste; sehr tapfer
constituere, Perf. constitui: beschließen
sagittam mittere: einen Pfeil schießen
calx, calcis: die Ferse
eo vulnere mortuus est: er starb an dieser Wunde
manu tenuerat: sie hatte mit der Hand festgehalten
dum: während
eo loco: an dieser Stelle
tutus a: geschützt gegen

12,2 *Vervollständige die Reihe.*

Singular		Plural	
vocis	voce	vocum	....
patrem	patre	patres	....
silvae	....	silvarum	silvae
....	sermo	sermonibus	sermones
statio	....	stationes	stationum
leonem	leone	....	leonibus
agri	agrum	agrorum	....
latroni	latrone	....	....
....	....	regna	regna

12,3 *I! I! I! – Wo sollen wir das alles unterbringen?*

> dei – perniciei – nuntiavi – castelli – diei – cladi – periculi – abii – custodi – abi – vici – tui – virgini – fugi – viri – urbi – nuntii – belli – veni – duxi – populi – cepi – adi – dedi – timui – scivi – vulneri – domi – sali – saluti – ibi – iussi – complevi

Ordne die Wörter in die Spalten ein (manchmal gehört ein Wort auch in mehr als eine Spalte).

Nominativ	Genitiv	Dativ	Perfekt	Imperativ	Adverb

12,4 *Perfekt oder Imperfekt, das ist hier die Frage! Setze aus den darunter angegebenen Verben die richtige Vergangenheitsform ein.*

1. Paris diu in colle .... et silvas camposque .... ;

    subito Mercurius cum tribus deis ....

    > sedere, spectare, apparere

2. Gladiator leoni .... ; bestia .... , tum subito virum

    .... Gladiator hastam[1] in leonem .... et bestiam

    .... Tum leo magna ira rugivit[2] et virum statim ....

    Gladiator frustra[3] ...., sed leo virum ....

    [1] hasta: Lanze   [2] rugire: brüllen   [3] frustra: vergebens

    > adire (2x), fugere, necare, appropinquare, redire, vulnerare, mittere

12,5 *Lauter Dative! Übersetze und nenne jeweils ihre semantische Funktion.*

1. Leo saevus gladiatori perniciei fuit. ....

    ....   (.....................................)

2. Gloria Romuli Romanis semper exemplo erat. ....

    ....   (.....................................)

3. Gnaeo Cornelio multi servi multaeque ancillae erant. ....

    ....   (.....................................)

4. Salus Quinti Ciceroni patruo[1] curae erat. ....

    ....   (.....................................)

5. Auxilium[2] tuum mihi saluti fuit. ....

.... (..)

6. Iulia patri: »Eme mihi vestem pulchram, pater.« Pater Iuliae: »Valde doleo, Iulia, hodie pecunia

mihi non est.« ....

.... (..............................) (..............................)

[1] patruus : Onkel   [2] auxilium n.: Hilfe

12,6 *Aus einem Krimi:*
Die Kriminalkommissarin steht vor der Leiche eines Ermordeten und sagt: »Cui bono?«   Dann hat sie eine Idee, die sie am Ende zum Täter führt. Es war der Millionenerbe. –
Was meinte sie mit »Cui bono?«?

....

....

13

13,1 *Übersetze in dein Heft.*

De equo ligneo

Graeci multos annos frustra cum Troianis pugnabant neque urbem eorum capiebant; iam de victoria desperabant. Tum Ulixes
Troianis dolum paravit: Graecos magnum equum ligneum parare
5 iussit; in eo milites fortissimos posuit. Sinonem, virum callidum,
cum equo in litore manere et Troianos exspectare, ceteros Graecos
litus relinquere et se occultare iussit.

equus: Pferd
ligneus: hölzern
annus: Jahr
frustra: vergeblich
desperare: verzweifeln

dolus: List
fortissimi: die tapfersten
callidus: schlau
litus, litoris n.: Strand

se occultare: sich verbergen

13,2 *Weil – als plötzlich – obwohl – immer wenn: Was stimmt nun?*
Prüfe die schräg gedruckten Wörter, ob sie richtig und sinnvoll in den Sätzen stehen und ersetze sie, wenn
erforderlich, durch eine passende Konjunktion. Übersetze dann die Sätze.

1. Theophilus, *quod* Tullia saepe peccabat, eam non vituperavit.

2. Quintus, *quamquam* Ciceronem visitabat, bene cenabat.

3. Iam turba amicorum gaudebat et Remum regem esse clamabat, *quod* Romulus advolavit et
   clamavit: »Mihi duodecim aves apparuerunt!«

4. Faustulus, *cum* pueros educavit, pater eorum non erat.

....

....

....

....

....

....

....

....

13,3

abducis	abducebas	abduxisti

Vervollständige die Zeilen.

	censebamus	
exponunt		
		decepit
	credebatis	
	promittebam	
respondent		
effugio		
	erat	
		dixerunt
iubes		

13,4 *Ersetze die schräg gedruckten Wörter durch passende Nomina.*

1. Iuno *id* Paridi promisit. ....

2. *Eae* Paridi placebant. ....

3. Venus *eam* mulierem pulcherrimam esse dixit. ....

4. Paris fidem uxoris *eius* sollicitavit. ....

5. *Is ei* vitam iucundam in urbe Troianorum promisit. ....

6. Helena *ei* epistulam ad Paridem mandavit. ....

7. Alypius a crudelitate *eorum* abhorruit. ....

13,5 *Aus vielem mach eins!*

Dei Troianis et multa bona et multa mala paraverunt. *Was haben die Götter den Trojanern bereitet? »Viele Gute … viele Schlimme«? So redet doch keiner im Deutschen, sondern: »Viel Gutes und viel Schlimmes«.*

Übersetze.

1. Marcus post orationem senatoris »Nonnulla mihi placuerunt«, inquit, »alia mihi non placuerunt.«
2. Dei hominibus futura praescire[1] non dederunt[2].
3. Ein Philosoph, der aus einer eroberten Stadt fliehen und all seine Habe zurücklassen musste, sagte: »Das macht mir nichts aus, denn *cuncta mea mecum porto.*« – Wie ist das zu verstehen?

[1] praescire: vorauswissen   [2] dare: *hier:* gewähren

....

....

....

....

....

13,6 *Ordne die Wörter im Kasten den schräg gedruckten Teilen der Sätze zu.*

> cetera – multa stulta – nonnulla – multa – vera sunt

1. Der Redner hat *viel dummes Zeug* geredet. ....

2. Was ich berichtet habe, *ist eine wahre Geschichte.* ....

3. Aus dem Schiffbruch wurde *viel* an Land geschwemmt. ....

4. Ich habe dir *einiges* erzählt,
   das Übrige kannst du dir selber denken. ....

13,7 *Alles EEEE – – – !*

scelere – vale – complere – domine – caede – manere – re – posuisse – ubique – optime – eme – saepe – posse – die – de – hodie – orbe – e – postridie – responde – denique – prope – bene – time – sine – fuisse – fortasse – Marce – fere – patre – fide – censuisse – respondere – bibe

Alles eins??? — Keinesfalls! Ordne in die Spalten ein (manche Wörter gehören in zwei Spalten).

Imperativ	Infinitiv Präsens	Infinitiv Perfekt

Ablativ	Vokativ	Adverb	Präposition

14

14,1 *Übersetze in dein Heft.*

Laocoon et Cassandra monent

Graeci litus reliquerant, Sino solus prope equum ligneum sedebat, cum Troiani ex urbe venerunt, equum viderunt, stupuerunt, hostes non iam adesse viderunt, Sinonem de ea re
5 interrogaverunt. Sino, ut Ulixes ei mandaverat, Graecos domum navigavisse equumque Minervae et Neptuno sacrum in litore reliquisse narravit. Troianos eum in urbem trahere iussit.

Sed Laocoon, Neptuni sacerdos, et Cassandra, Priami regis filia, magna voce monuerunt, ne id facerent. Equum urbi
10 Troianorum perniciei futurum esse iterum iterumque clamabant, cum subito anguis ingens in litore apparuit, cunctis terrori fuit; Laocoontem corripuit, necavit.
Id omen Troianos terruit. Equum in urbem trahere non iam dubitaverunt.

monere: warnen

litus, litoris n.: Küste
ligneus: hölzern

ut: wie

navigare: segeln

Laocoon, Laocoontis: Laocoon
monuerunt, ne id facerent:
»sie warnten davor, das zu tun«
futurum esse: »es werde …
sein«
anguis ingens: Riesenschlange
corripere, Perf. corripui:
packen
omen, ominis n.: (böses)
Vorzeichen

Was soll die Form der Sätze Zeile 3–4 und Zeile 12 in diesem Text andeuten?

....

....

....

14,2 *Der gehört doch nicht zu uns! — Das stimmt, aber er bekommt trotzdem einen Ehrenplatz.*

1. Ulixes, Menelaus, Idomeneus, Faustulus, Sino, Laocoon, Priamus
2. Mars, sacerdos, Laocoon, Neptunus, pastor, Iuppiter, sacer
3. nuntius, urbs, geminos, labor, finis, ager, ego, homo
4. audit, salit, relinquit, servavit, redit, rapit, obit, munit, ferit, sinit, aperit

Die nicht in die Reihen passenden Wörter ergeben, aneinander gereiht, einen Satz. Welchen?

....

....

14,3 *Wir können schon mit vier Tempora jonglieren!*

Vervollständige die Zeilen.

do	dabam	dedi	dederam

exponit			
		descendisti	
	metuebam		
videmus			
			rapuerant
		successit	
abeo			
	adiuvabamus		
accipiunt			
		vicit	
	iaciebant		
credo			

14,4 *Trage in die hellen Felder die Namen der unten beschriebenen Persönlichkeiten ein.*
Zur Kontrolle: Die stark umrandete Spalte nennt den Mann, in dessen Roman sie alle vorkommen.

1.									
2.									
3.									
4.									
5.									
6.									
7.									

1. Auf *ihrer* Hochzeit mit Peleus begann das ganze Unheil.
2. *Er* machte die Musik und sah dabei in die Zukunft.
3. *Der Kleine* hatte Flügel und wich nie von der Seite der Mutter.
4. Manchmal war *sie* knapp bei Kleidung.
5. Was will *die* bloß immer mit Helm und Speer?
6. *Er* war ein Gott, der gern in feuchter Umgebung lebte.
7. Der einzige Anzug, den *er* besaß, der war auch noch aus Blech.

15

15,1 *Übersetze in dein Heft.*

Aeneas Troia fugit

Troiani, postquam equum in forum urbis traxerunt, victoriam celebrabant; cantabant, laeti erant. Ubi nox venit, cuncti sine cura dormiebant. Etiam Aeneas cum
5 amicis victoriam celebraverat; somnum capiebat, cum media nocte flammis et clamore militum e somno excitatus est. Vidit hostes urbem invasisse, domos templaque ardere. Statim arma cepit et in pugnam properabat. Sed in itinere Venus, mater eius, eum reti-
10 nuit et ex urbe fugere iussit: »Frustra in pugnam periculumque properas, Aenea, nam dei interitum Troiae constituerunt. Relinque urbem! Iuppiter te novam patriam quaerere iubet.« Aeneas matri paruit et, ubi cum patre et filio Troiam reliquit, statim cum paucis
15 sociis navem conscendit.

flamma: Flamme
excitatus est: er wurde geweckt
domos (Akk. Pl.): Häuser
templum: Tempel

frustra: vergeblich

interitum (Akk. Sg.): Untergang

conscendere, Perf. conscendi: besteigen

15,2 *Setze aus den angegebenen Konjunktionen eine passende ein und gib die Semantik des adverbialen Gliedsatzes an. Übersetze dann die Sätze in dein Heft.*

> quamquam – ut – quod – ubi – si – cum

1. Troiani equum non deleverunt, ... Cassandra eos monuerat[1]. (........................)

2. Troiani, ... hostes urbem deleverunt, in Italiam iter fecerunt, ... Iuppiter iusserat. (................................) (................................)

3. Aeneas iam oram Italiae videbat, ... tempestas iter impedivit[2]. (...........................)

4. Aeneas, ... tempestas coorta est[3], naves ad oram Africae appellere[4] iussit.
   (................................)

5. Dido, ... urbem novam aedificabat, hospites Carthagine manere invitavit: » ....
   urbs nova vobis placet, in ea nobiscum manere licet.« (.......................) (..........................)

6. Aeneas, ... Didonem amabat, Iovi paruit et Africam reliquit.
   (...............................)

7. Dido, ... Aeneam amabat, maesta et irata erat, ... Aeneas Carthaginem reliquit.
   (................................) (................................)

[1] monere: warnen   [2] impedire: hindern, verhindern   [3] coorta est: es erhob sich   [4] appellere: (ein Schiff) lenken

15,3 *Du liebe Zeit! – Wie viele Vokabeln, die Zeitangaben machen, hast du bis Lektion 15 schon gelernt? Es müssten über zwanzig sein. Fangen wir an:* hora – cras – postridie …

....

....

....

....

....

....

15,4 *Das ist doch nicht zu glauben, wie viele verschiedene* **is** *es gibt!* — *Ordne in die Spalten ein (manche Wörter gehören in mehrere Spalten).*

> virtutis – invenis – satis – finis – is – quaeris – scis – quis – vixistis – itis – cladis – divitiis – roboris – istis – audis – navis – servis – gentis – vicis – timidis – itineris – aperis – retinetis

Nominativ	Genitiv	Dativ/ Ablativ	2. Pers. Sg.	2. Pers. Pl.	Adverb

15,5 *Menschenkenntnis ist gefragt! Mindestens zwanzig Substantive kennst du, die Menschen bezeichnen.* – *Wirklich? – Fangen wir an:* amicus   –   homo   –   latro …

....

....

....

....

....

....

15,6 *Das große Sagenquiz: Nur eine Aussage ist richtig.   Markiere den Buchstaben vor der Zeile.*

1. a) Das hölzerne Pferd ist eine Erfindung Homers.

   b) Das hölzerne Pferd wurde in Troja wieder ausgegraben und bei den Ruinen aufgestellt.

   c) Das hölzerne Pferd ist eine Sage, die darauf hinweist, dass Troja von Reiterkriegern erobert wurde.

2. a) Die Burg Troja hat es nie gegeben.

   b) Die Burg Troja überwachte die Schifffahrt vom Mittelmeer zum Schwarzen Meer.

   c) Die Burg Troja lag im Süden der heutigen Türkei.

3. a) Die Göttin Minerva war die Kriegsgöttin der Römer.

   b) Minerva war die Göttin der Künste und des Handwerks und Schutzherrin der Städte.

   c) Minerva war Göttin der Jagd und wurde deswegen immer mit einem Speer abgebildet.

4. a) Helena war Königin von Mykene.

   b) Helena war Trojanerin.

   c) Helena war die Frau des Königs von Sparta auf der Halbinsel Peloponnes.

5. a) Mercurius war ein römischer Gott, dem kein griechischer Gott entsprach.

   b) Mercurius war der älteste Gott und Vater aller anderen Götter.

   c) Mercurius war als Gott der Wege auch ein Gott der Diebe und Räuber.

6. a) Der römischer Diktator Caesar behauptete, ein Nachkomme der Göttin Venus zu sein.

   b) Der römische Dichter Vergil behauptete, ein Nachkomme Homers zu sein.

   c) Kaiser Augustus behauptete, ein Nachkomme des Remus zu sein.

16

16,1 *Übersetze in dein Heft.*

Aeneas in Tartarum descendit

Aeneas, postquam Didonem reliquit, navibus oram Italiae petivit. Ibi in Tartarum descendere constituit, quod Sibylla vates eum animam patris Anchisae quaerere iusserat: »Is tibi viam in patriam novam praedicet.« Aeneas, postquam cum Sibylla iter per loca obscura fecit, tandem animam Anchisae invenit. Frustra eam complectebatur, umbram patris capere non potuit. Qui, postquam filio multa de futuris pugnis narravit, monstravit ei animam Romuli, futuri conditoris urbis Romae; monstravit ei denique animam imperatoris Augusti: »Is vir, e gente tua natus, olim in orbe terrarum aurea saecula cum concordia paceque condet.«

Tum Aeneas, ut dei iusserant, iter in Latium fecit.

Sibylla vates: Sibylle *(eine Prophetin)*
anima: Seele
praedicet: »er wird voraussagen«
loca (n. Pl.): Gegenden
frustra: vergeblich
complectebatur: »er versuchte zu umarmen«
qui: hier: dieser
conditor: Gründer
imperator: Kaiser
natus: geboren
aurea saecula condet: »er wird das goldene Zeitalter begründen«

Welche Vorstellung hatten die Römer und Griechen von der menschlichen Seele? Wozu war sie imstande, wozu nicht?

....

....

....

....

16,2 Magister Tulliam laudat. — Tullia a magistro laudatur.
Setze das Aktiv ins Passiv und umgekehrt.

1. Sino Graecis signum dedit. ....

2. .... Aeneas in itinere a Venere retentus est.

3. .... Troia a Graecis deleta est.

4. Mercatores vina magna voce laudabant. ....

5. Dominus vilicum vituperat. ....

6. Romani muros altos aedificaverant. ....

16,3 *Übersetze und bestimme die Semantik der Ablative.*

1. Romulus in Palatio, Remus in Aventino cum amicis sedebant et aves observabant[1], nam rem augurio disceptare cupiebant.
2. Postea fratres armis certaverunt; Romani ea controversia fratrum valde terrebantur.
3. Sabini cum uxoribus liberisque die ludorum Romam convenerunt et magno cum gaudio[2] ludos spectabant, cum subito virgines Sabinorum a viris Romanis raptae sunt.
4. Parentes Sabini irati ex urbe fugerunt.
5. Romulus, quod magna gloria regnaverat, post mortem pater patriae appellabatur.

[1] observare: beobachten [2] gaudium: Freude

....

....

....

....

....

....

....

....

Ordne die Ablative, die in diesen Sätzen vorkommen, in die Liste ein.

Abl. loc. .... Abl. instr. ....

Abl. temp. .... Abl. mod. ....

Abl. soc. .... Abl. causae ....

Abl. sep. ....

16,4 *Trage in die hellen Felder das Gegenteil oder die Entsprechung der unten angegebenen Wörter ein.*

1.										
2.										
3.										
4.										
5.										
6.										
7.										
8.										
9.										
10.										
11.										
12.										
13.										
14.										
15.										
16.										

1. indigere
2. interrogare
3. pax
4. dubitare
5. accipere
6. vituperare
7. ignorare
8. quaerere
9. minuere
10. clamare
11. dimittere
12. dormire
13. frigidus
14. incitare
15. complere
16. incipere

Zur Kontrolle: Die Buchstaben in der stark umrandeten Spalte ergeben die Namen zweier großer Dichter.

16,5 *Eine der geraubten Sabinerinnen in Rom wollte zwischen Römern und Sabinern Frieden stiften. Sie sandte eine Botschaft an ihren Vater in Sabinien.*

Die Botschaft lautete:

> ETINEV MAMOR ITAMRA ETICAF MECAP MUC
> SINAMOR MAN SUMAMA SOTIRAM SONAMOR

Kannst du sie entziffern? Die Wörter als solche stimmen, sie sind nur ein bisschen verdreht. Auf den Dörfern sprach man nämlich noch das alte Sabinisch rückwärts.

....

....

....

17

17,1 *Übersetze in dein Heft.*

Menenius plebem ad concordiam monet

Olim res Romana discordia hominum magno in periculo erat.
Nam patriciis agri cuncti divitiaeque erant, plebi aere alieno vexatae
spes nulla erat. Itaque plebs Romam relinquere constituit. Viri armati cum feminis liberisque in colle proximo castra posuerunt.
5 Patricii ea re territi consuluerunt: »Magno sumus in periculo, nam
urbem sine militibus plebeiis defendi non posse scimus.« Itaque
nonnulli senatores in castra plebeiorum missi sunt; unus ex iis,
Menenius Agrippa, a patriciis oratus plebeiis eam fere fabulam nar-
10 ravit:
»Aliquando membra corporis laborare et ventri cibum apportare
desierunt: ›Venter labore nostro semper bene vivit neque ipse laborat. Si ei servire desinimus, etiam venter laborare cogitur.‹ Ita
egerunt. Sed mox robur totius corporis paulatim minuebatur.«
15 Tum Menenius »Nonne videtis, cives«, inquit, »etiam nos Romanos, quasi unum corpus, sine concordia cunctorum membrorum
valere non posse?« Ea oratione commota plebs Romana in urbem
rediit.

monere: ermahnen

discordia: Streit

aere alieno: durch Schulden

castra, castrorum: Feldlager

defendere: verteidigen
plebeius, a, um: plebejisch;
Plebejer
fabula: Fabel

membrum: Glied
venter, ventris m.: Magen
cibus: Speise
ipse (Nom. Sg.): er selbst
servire: dienen

quasi: gleichsam

1. *Deute die Fabel des Menenius. Wer ist mit* corpus, *mit* venter *und mit* membra *gemeint?*
2. *Was meinst du: Ist die Sichtweise eines Staates als »Körper« auf eine Republik anwendbar?*
    Was unterscheidet den Körper eines Menschen von einer Gesellschaft von Bürgern?

....

....

....

....

....

17,2 Die *und der kommen beim Gehen* ins Stolpern. *Übersetze alle Bedeutungen von:*

it .... itis ....

id .... eas ....

iit .... itis ....

ii .... i ....

iis .... ea ....

eo ....

17,3 *Diese Sätze kann man erweitern. Suche aus den unten stehenden Erweiterungen eine passende aus und übersetze die Sätze in dein Heft.*

1. Paris pomum aureum Veneri dono dedit.   **pomum aureum**: der goldene Apfel
2. Epistula Paridi placuit.
3. Helena primo gaudebat, postea dolebat.
4. Sino Troianis multa et falsa narravit.
5. Equus Cassandram timore complevit.
6. Menelaus valde doluit.
7. Plebs urbem reliquit.
8. Menenius Plebeios fabula ad concordiam commovit.   **fabula**: Fabel

ad plebem missus – in forum urbis tractus – a Helena scripta – Troiam abducta ab Ulixe respondere prohibitus – miseria coacta – a Mercurio acceptum solus in litore relictus   **litus**, litoris n.: Strand

17,4 *Jetzt wird Jagd gemacht auf das -us ! Ordne in die Spalten ein.*

flevimus – corpus – ludus – hominibus – invenimus – victus – vulnus – virtus – murus – impius – nuntius – amatus – amamus – inceptus – munus – movimus – hortus – apertus – vulneribus – diebus – tempus

Nom. m./f.	Nom./Akk. n.	Dat./Abl. Pl.	1. Pers. Pl.	PPP Nom. Sg. m.

17,5 *In Rom werden dieser Tage Tests in Staatsbürgerkunde geschrieben. Wer will, kann freiwillig mitmachen. Nur eine Aussage ist richtig. Markiere den Buchstaben vor der richtigen Antwort.*

1. a) Die Zwölftafelgesetze wurden von etruskischen Priestern geschrieben und den Römern übergeben.
   b) Sie wurden von zehn römischen Bürgern verfasst.
   c) Die Bronzetafeln mit den Zwölftafelgesetzen wurden auf dem Forum ausgegraben und als göttliches Recht von den Römern übernommen.

2. a) Patrizier nannten sich alle römische Familienväter.
   b) Patrizier waren adlige Grundbesitzer, die schon zur Königszeit Vorrechte im Staat hatten.
   c) Patrizier nannten sich die Römer, die auf ihren Villen in der Toscana lebten.

3. a) Die römische Republik kannte die allgemeine Wehrpflicht.
   b) In der römischen Republik durften nur adlige Krieger Waffen tragen.
   c) Wer arm war, wurde von der Wehrpflicht befreit.

4. a) Die Plebejer hatten in den Volkstribunen ihre eigene Regierung und brauchten den adligen Konsuln nicht zu gehorchen.
   b) Die Volkstribunen konnten mit ihrem »Veto!«, wenn sie wollten, die Staatsverwaltung lahm legen.
   c) Die Volkstribunen waren nur für die Sozialfürsorge der Plebejer zuständig.

5. a) Plebejer durften das Senatsgebäude der adligen Senatoren nicht betreten.
   b) Plebejer wurden Senatoren, wenn sie in ein Staatsamt gewählt worden waren.
   c) Plebejer hatten ihre eigene Religion mit eigenen Göttern und eigenen Priestern.

6. a) Ein Gläubiger konnte in Rom einen Schuldner ohne weiteres verhaften und einsperren.
   b) Ein Gläubiger durfte einen Schuldner nur nach einem Gerichtsurteil einsperren.
   c) Ein Gläubiger konnte einen eingesperrten Schuldner solange hungern lassen, bis er seine Schulden bezahlt hatte.

18

18,1 *Übersetze in dein Heft.*

Zwei Todfeinde sehen sich zum ersten Mal

Hannibal, dux Carthaginiensium, post id bellum, quod
cum Romanis fuit, a civibus suis in exilium missus in Asia
vivebat. Ibi aliquando, ut Livius narrat, P. Cornelium
5 Scipionem Africanum, qui legatus in Asiam venerat, convenit sermonemque cum eo habuit, in quo ea fere diceban-
tur.

Scipio: Dic, Hannibal: Quis est dux maximus?

Hannibal: Alexander, rex Macedonum, quod paucis mili-
10   tibus maximas hostium copias vicit.

Scipio: Bene dicis, Hannibal. Quis tua sententia post
                Alexandrum est secundus?

Hannibal: Pyrrhus, rex Graecus, quod primus milites
                suos castra facere docuit.

15 Scipio: Nunc dic, Hannibal: Quis est tertius?

Hannibal: Tertio in loco pono me ipsum, Scipio.

Livius narrat Scipionem risisse et interrogavisse: »Quid
diceres, Hannibal, si me vicisses?« Hannibalem respondis-
se: »Tum me ante Alexandrum et Pyrrhum ponerem.«

Hannibal, Hannibalis: Hannibal *(Feldherr der Carthager)*
exilium: Verbannung
Livius: Livius *(röm. Geschichtsschreiber)*
legatus: Gesandter

maximus: der größte, der beste
Alexander, dri: Alexander der Große
Macedones, donum: Makedonen
copiae, arum: Truppen

sententia: Meinung

secundus: der Zweite, Zweitbeste

Pyrrhus: Pyrrhus

castra facere: ein Feldlager bauen

tertius: der Dritte, Drittbeste
locus: Stelle
me ipsum: mich selber
Quid diceres … si … vicisses:
»Was würdest du sagen, wenn du … besiegt hättest«
ponerem: »Ich würde … stellen«

---

1. Was fällt an der Begegnung der beiden Gegner auf? Wie gehen sie miteinander um?
2. Wie schätzt Hannibal in Zeile 19 Scipio als Feldherrn ein? Begründe deine Antwort.

....

....

....

....

....

....

....

18,2 *Ordne die Wörter oder Wortblöcke nach ihrer möglichen Verwendung im Satz ein.*

> rem Romanam – e gente Cornelia – in Hispania – e periculo – Carthaginem – Scipio
> – faverunt – populo Romano – vicit – itaque – nemo – saepe – audebat – dei
> – id – imperium petere – post cladem – servaverunt – viri strenui – acceptam

Subjekt	Akk.Obj.	Dat.Obj.	adv. Best.	PC	Prädikat

Bilde daraus drei Sätze und übersetze sie.

1. ....

....

....

2. ....

....

....

3. ....

....

....

18,3 *Wir brauchen Männer, die handeln!*

Was ist ein scriptor? *Einer, der sich aufs* scribere *versteht, ein Schreiber. Übersetze das Substantiv und nenne das Wort, von dem du es abgeleitet hast.*

visitator .... successor ....

laudator ....   venditor .....

liberator ....   vindicator ...

peccator ....   *(Im christlichen Latein heißt* peccare *»sündigen«)*

Auch aus Substantiven lassen sich »Täter« ableiten:

negotiator .... praedator ....

bellator ....

18,4 *Als Hannibal nach fast zwanzig Jahren Krieg immer noch mit seinem Heer unbesiegt in Italien stand, versuchte P. Cornelius Scipio, mit einem riskanten Unternehmen die Entscheidung zu erzwingen. Hannibal erfuhr von seinem Plan und sandte an den Senat von Karthago eine dringende Botschaft, die er verschlüsselte, falls die Römer den Boten abfangen sollten:*

> ads enat ore scav etecart hagoin
> ma gnoper icu loests cip ioexi
> taliac ummul tismi liti busina
> fric amnav igatm itti temi himu
> ltasn aves eg ovobi sauxi liov
> enio

Die Karthager ahnten nicht, dass Hannibal, um die Römer zu verwirren, Latein geschrieben hatte und wurden durch Scipios Überraschungsschlag beinahe überrumpelt. Hättest du ihnen helfen können? Versuche die Botschaft zu entziffern. Dann schreibe sie im Klartext auf und übersetze sie.

....

....

....

....

....

....

....

....

....

19

19,1 *Übersetze in dein Heft.*

Eine Wahl endet in Gewalt

Als sich Tiberius Gracchus noch während seines Amtsjahres als Volkstribun zur Wiederwahl stellen wollte, was nach römischem Brauch nicht erlaubt war, brachen in Rom Unruhen aus.

Eo die, quo tribuni plebis novi creabantur, multa prodigia nuntiabantur: Inter alia pulli sacri cibum capere negaverunt. In galea quadam, quam Tiberius domi servabat, angues ova posuerant.

5 Tiberius prodigiis non territus cum amicis in Campum Martium iit. Ibi tribuni plebem iam ad suffragium vocabant, cum subito senatores cum servis armatis in urbe visos et in Campum Martium properaturos esse nuntiatum est. Tiberius eo

10 periculo territus manibus caput tetigit, ut amicis se in periculo vitae esse significaret. Ubi senatores id viderunt, dux eorum clamavit: »Ecce, Tiberius diadema postulat! Regnum petit!« Tum cuncti, qui aderant, senatores Tiberium amicosque eius armis petiverunt et occiderunt.

prodigium: unheilvolles Vorzeichen
pulli sacri: die heiligen Hühner *(die im Tempel gehalten wurden und deren Fressverhalten von den Auguren beobachtet wurde)*
cibus: Futter
galea: Helm
anguis, is: Schlange
ovum: Ei
suffragium: Abstimmung

manibus tangere (Perf. tetigi): mit den Händen berühren
ut significaret: »um … anzuzeigen«
diadema (Akk. Sg.): Diadem *(Zeichen der Königswürde)*

1. *Welche Nachrichten, Gerüchte, Handlungen führen in diesem Bericht zum Ende des Tiberius? Schildere sie der Reihe nach.*
2. *Was insbesondere stachelte die Senatoren zum Mord an einem sakrosankten Volkstribunen auf?*
3. *Was meinst du: Beruhten die gemeldeten* prodigia *auf Wahrheit?*

....

....

....

....

....

19,2 *Es geht um »mein« und »sein«. Setze aus dem Kasten das passende Possessivpronomen ein.*

1. Cives libertatem .... defendent.

2. Plebs ex agris .... expulsa Romam convenit.

3. Tiberius: »Cives praemia .... obtinebunt; senatores praemia

   .... non rapient.«

4. Homines divites semper res .... curabunt.

5. Tiberius de vita .... timebat.

6. Cornelius praedium .... visitavit. Servi in praedio .... laborabant.

> eorum – suum – eius – suam – suis – sua – sua – suas

19,3 *Übersetze.*

Nuntiatur: »Senatores armati in forum venient.« —
Senatores armatos in forum venturos esse nuntiatur.

....

....

Verwandle von der direkten Rede in den aci und umgekehrt. Übersetze dann die Sätze in dein Heft.
1. Iuppiter Aeneae promisit: »Romanis imperium totius orbis terrarum erit.«

....

2. Sibylla dixit: »Pater Troianis viam securam in Italiam monstrabit.«

....

3. Lucius speravit[1] patrem auxilio venturum esse.

....

4. Populus Romanus speravit[1]: »Unus e principibus id imperium periculosum petet.«

....

5. Lucius Tiberio dixit: »P. Cornelius Carthaginem vincet.«

....

[1] sperare: hoffen

19,4 *Auch das -es will unterschieden sein. Ordne in die Spalten ein (einige Wörter gehören in mehrere Spalten).*

quaeres – naves – vinces – res – ages – dies – virtutes – prodes – pernicies – relinques – praebes – tempestates – pedes – es – moves – miles – partes – acies – clades – faves – caedes – nescies – limes – fides – labores – fugies – vives – eques – fames – fines

Nomen Singular	Nomen Plural	Verb Präsens	Verb Futur

19,5 *Ich sehe doppelt! Da sind ja zwei Akkusative!!*

Du erinnerst dich an das Gespräch in 18,1 (S. 63)
Was sagten Scipio und Hannibal?

»Quem tu ducem maximum putas?«
»Ego Alexandrum maximum ducem puto.«

Sagten sie das wirklich so??
Übersetze die beiden Sätze.

....

....

....

....

Übersetze weiter:

1. Amici Romulum regem appellaverunt.

   (habere *heißt nicht nur »haben«, sondern auch »halten für«*):
2. Romani Ciceronem oratorem bonum habebant.
3. Scipio a civibus quibusdam admodum iuvenis habebatur.
4. Senatores Tiberium Gracchum hostem habebant.

orator: Redner

admodum (Adv.): zu (sehr)

....

....

....

....

20

20,1   *Dass nicht alle römischen Beamten in den Provinzen so dachten und handelten wie Verres, zeigt ein Brief, den Cicero an seinen Bruder Quintus schrieb, als dieser in der hauptsächlich von Griechen bewohnten Provinz Asia zwei Jahre lang Statthalter gewesen war.*

Übersetze in dein Heft.

Menschlich mit Menschen umgehen

Bene fecisti, frater; virtus tua a cunctis bonis laudatur. Quamquam summo cum imperio propraetor in Asia fuisti, tamen te nullum signum, nulla tabula
5 pulchra, nullum vas, nulla vestis pretiosa, nulla pecuniae condicio ab integritate deducere potuit.
Imperamus enim Graecis, id est hominibus, in quibus non modo inest, sed etiam a quibus in alios populos pervenit humanitas, quam eis reddere debe-
10 mus, a quibus accepimus.

summus: der höchste
signum: *hier* Marmorstatue
vas, vasis n.: Vase
pretiosus: kostbar
pecuniae condicio: Gelegenheit, zu Geld zu kommen
integritas, tatis f.: Unbestechlichkeit, Anstand
deducere: abbringen
id est: und das heißt
inesse: *hier:* vorhanden sein

pervenire: hingelangen
humanitas, tatis f.: Bildung, Humanität
reddere: zurückgeben

1. Was meint Cicero in Zeile 9 mit humanitas? *Versuche, den Begriff näher zu erläutern.*

....

....

2. *Zähle die Verlockungen auf, denen ein römischer Statthalter erliegen konnte.*

....

....

....

20,2 *Fülle die freien Stellen aus.*

Präsens	Imperfekt	Futur	Perfekt	Plusquamperfekt
fers				
	auferebam			
				contuleramus
		tollent		
(nuntius) affertur				
			tulistis	
			sublatus est	
		conferam		
			ablata sunt	

20,3 *Ordne jedem deutschen Satz* ferre *oder eines seiner Komposita (im Infinitiv) zu.*

1. Lass das nicht liegen, heb's auf! ....

2. Hol's doch mal her! ....

3. Tiberius begab sich sofort auf das Forum. ....

4. Die Diebe nahmen alles mit, was Wert hatte. ....

5. Die Nachricht wurde schnell überbracht. ....

6. Diesen Lärm halte ich nicht aus! ....

7. Der Kaiser ließ alle beiseite räumen, die ihm nicht gefielen. ....

8. Die Einwohner brachten alle ihre Waffen auf den Markt. ....

9. Man soll sein Schicksal nehmen, wie es kommt. ....

10. Die römischen Statthalter schämten sich nicht,
    Gemälde zu stehlen. ....

20,4 *Nenne zu jedem der Wortfelder mindestens fünfzehn Wörter aus den ersten zwanzig Lektionen.*

Gefühle: amor, odium, timere, ...

....

....

....

Staat und Recht: senator, augurium, creare, ...

....

....

....

Bezeichnungen für Menschen: mater, homo, vicinus, ...

....

....

....

Militär: miles, arma, ...

....

....

....

20,5 *Aufgepasst! Jetzt kommt die Stunde der hellen Köpfe, die unsere Informationstexte der ersten zwanzig Lektionen mit Aufmerksamkeit verfolgt haben. Und die dick umrandete Spalte enthält einen Glückwunsch zum gelungenen Abschluss der Lektion 20.*

1.															
2.															
3.															
4.															
5.															
6.															
7.															
8.															
9.															
10.															
11.															
12.															
13.															

1. Wer *den* feierte, der bekam was ins Ohr geflüstert.
2. *Davon* gab's so wenige in Rom, dass nur die Jungen einen bekamen. Wieder mal typisch!
3. *Den* löffelten die armen Römer ohne Rosinen.
4. Ohne *das* war auch der tüchtigste Standesbeamte arbeitslos.
5. *Ihr* Name stand immer in der Mitte.
6. Taschengeld für Unfreie und Entrechtete.
7. Fast alle Stadtrömer wohnten *in einer.* (Komisch, gab's denn so viele davon im Mittelmeer?)
8. *Da* legte man sich lang hin, bis man satt war.
9. Ein Lehrer an weiterführenden Schulen; oft Ausländer.
10. *Da* wurde den Badegästen immer am meisten eingeheizt.
11. Bedrohliches Gerät, das von römischen Beamten mit Stolz auf der Schulter getragen wurde.
12. Übermächtige Konkurrenz der Kleinbauern.
13. In *seinem* Netz fingen sich keine Fische.